民主的思辨

★★★★★

101個
關於民主最重要的事

DIE 101 WICHTIGSTEN FRAGEN：DEMOKRATIE

PAUL NOLTE

｜保羅・諾特｜柏林自由大學歷史系教授——著

陳中芷——譯

導讀

民主所能允諾的，以及獨裁所不能觸及的

陳中芷（本書譯者）

二十一世紀才過二十年，世界政治局勢震盪已烈。老牌國際人權組織自由之家（Freedom House）連續幾年以「民主危機」、「民主退潮」、「民主困局」，作為世界自由年度調查報告的標題[1]，相較於上世紀七〇年代起在全球民主化浪潮下，各地對民主政治所顯示的憧憬與樂觀，「民主已死」、「民主崩潰」儼然成為當代政治論述、媒體評論中顯著的關鍵字，種

1 自由之家每年度的世界自由調查年度報告請參見官網：https://freedomhouse.org/，其調查指標著重在公民參政權和對個人自由的保障。有關民主衡量和評分機制的介紹可以參見，曹曼姿：台灣民主「倒退」了嗎？回應天下雜誌《用錢買的台式民主》專題，菜市場政治學官網：https://whogovernstw.org/2018/08/03/clairetsao1/?utm_source=Facebook_PicSee&fbclid=IwAR0c5X0DPwX3IL0nU8NUf6luqZ5UIXEdCenacoBk1XhPM71shWBWbbCtQAk

種針對民主／民主制度的批判不僅出現在獨裁政府反民主的政治宣傳中，也發生在指標性民主國家的街頭抗議中，如英國脫歐運動的攻防、美國近兩次總統大選中的民粹動員。一九九〇年代起連續創造民主政治神話的新興國家，依循各自政經和社會的脈動，重返威權統治，諸如泰國、緬甸、匈牙利、烏克蘭、俄羅斯，甚至土耳其、伊朗等，新任當權者追求個人權力的集中取代了後冷戰時期建立起來的民主共識。新一代的威權／獨裁統治者從二十世紀學得更精巧的統馭能力，以人民之名攫取統治的正當性：玩弄民主制度裡的選舉機制，公開扭曲司法審判、壟斷媒體操縱言論、鎮壓異議者，泯除任何對權力產生制衡的可能性。而二〇二〇年新冠病毒（COVID-19）引爆的肺炎疫情更是讓全球措手不及，不僅考驗各國政府的行政能力，如何在維護國民健康與保障個人自由及資訊安全之間取得平衡，更因疫情而下沉的經濟生產和消費活動，攪動了全球／地緣政治與跨國資本利益集體之間的權力結構。世界秩序已進入新的盤整階段，建構世界秩序的價值與信念也面臨新的挑戰，在倒退、衰敗中的民主／民主制度還有未來嗎？

這個問題正是本書作者保羅．諾特（Paul Nolte）在最後的主題。保羅．諾特以十一個主題，從民主創造國家、人民創造民主、民主的歷史、權利與自由、德國的民主，轉進當代問題，討論變動中的民主、當前民主制度的爭議和變化，以及民主進化成一種現代生活的方式，繼以全球化的視野來討論歐洲、西方、世界對民主制度的繼受與改變，及其困境，最後問到民主的未來，羅列了一百〇一個問題，鋪陳出對民主這個議題的界定與概念的變遷、演變發展的歷史，以及在不同階段橫向連結的問題叢，當然，也包含民主的倒退。作者提出的問題很簡單，甚至帶一點挑釁，但是簡明扼要的勾勒出民主作為一門學問、作為社會運動、作為政治制度、作為解決政治支配困境的手段、作為文化價值、作為生活日常的多層次面貌。保羅·諾特丟了問題，也給了答案，讀者可以不同意他的問與答，但他透過一來一往問答的寫作策略，創造出一種乒乓球的閱讀效果，撞擊思考。

此外，歷史學者出身的保羅·諾特，擅長處理文獻參考資料，能在簡短的鋪陳中穿插傳記訊息與論證引述，甚至透過一兩筆的諷刺比喻傳達自己的立場。閱讀這本書不需要一口氣，讀者大可從結構清晰的目錄中挑選主題，隨手切入。但也因為作者預設閱讀的對象是德國的中學生和對民主這個議題有興趣的一般讀者，極簡的行文和大量的概念與相應的歷史背景，會帶給臺灣讀者一定程度的閱讀挑戰。但這也是這本書的原始目的：作為政治、歷史和公民社會學科等跨學科的入門導覽，讓學生可以「按圖索驥」累積一定的知識能量，去建構出自己的政治價值判斷，作好成為公民的基礎準備，簡單地說，是一份引導思索自身政治生活的基礎綱要。

保羅．諾特開篇以政治上的理性對比於政治激情，點出政治發展中以人民為訴求的歷史張力；以私人利益與任意性對比於機會平等與公共政治的參與，切入討論當代民主政治的挑戰與困境。兩組對比貫穿全書，呼應民主體制三大基石的發展脈絡：法治、問責制與有效分配管理。這三大基石各有歷史成因，也各有在演化過程中未竟之處。法治是指國家（統治者）必須依法統治，合法取得及運用權力，這是自古典希臘梭倫改革以來，對當權者課以義務與責任的限制；透明的問責制，則是在權力制衡的原則上，藉由公開的民主程序，迫使當權者衡量公共利益，而非任由一己專斷循私；有效的行政管理，包含會計稽核制度是出於歷史經驗，用以維持民主政治的運作免於麻木與顢頇的機制。而民主／民主政治這一切發展都因「人民」而來，作者在第四十四問〈但是納粹也都是以人民之名〉中，藉由布萊希特的詩句「人民並非同胞」來闡明，「人民」這個概念如何從集體意義下的人民轉變成僅代表個人身分意涵的人民，這並不是修辭遊戲，正是訴諸這種個人意義的「人民」，才能高舉人的尊嚴，主張所謂的基本權利，也才可能對抗獨裁者將人民包裝成一種「種族性」的血緣關係，把個人一切的獨特性和自由向度碾壓進「集體」的政治操作。「人民」概念的演變，並非蹈空逞辯，而是攸關現代民主國家裡公民身分的權利與義務。作者在第三十一問〈人權、公民權和基本權利，是一樣的東西嗎？〉以及第三十三問〈國籍既有排他性又帶有民族主義色彩嗎？〉裡連續說明，當建構民主的理由不再從集體人民的角度而是從個人權利出發，國籍也就成為民主的定錨，不但與自由及平等息息相關，更牽涉社會的整合與權利的賦予。若由此思索，臺灣所面臨的社會福利保障範圍和社會資源分配的爭議，當能有更清楚的討論層次。

從歐洲啟蒙運動以來，涉及政治秩序的論述都隱然在回答：「我是誰」、「我想要一個什麼樣的社會共同生活？」，德國統一時的政治宣言：「讓各自不同背景下的人，可以在統一和融合的過程中，找到更好的自我」，能夠實踐「更好的自我」，必然是建立在對民主和人權基本價值的肯定上，這是二戰後德國在反省納粹獨裁、重建政治文化的過程中反覆強調的核心精神。而肯定民主與人權價值的另一面操作，就在於建立起面對獨裁統治的政治判斷力，培養出抵制和拒絕所有美化和正當化獨裁傾向的敏感度。保羅．諾特出生於一九六三年，成長於戰後德國民主制度發展期，見證了兩德統一，這本小書的原型是作者二〇一二出版的《何謂民主？歷史與當代》（*Was ist Demokratie? Geschichte und Gegenwart*），二〇一五年改寫完成本書，儘管當時民主作為生活價值和政治規範，已遭到嚴峻的挑戰，但是很明顯的，作者還對民主抱持著樂觀的信心。那時候，作者還沒見識到當代獨裁統治者如何在短短幾年間，借著經濟勢力和網絡媒介的力量，透過民主制度提供的一切機制，利用各種協力者，操弄民主語彙，擴散威權統治的政治手段，宣傳威權的價值，掏空民主政治的基礎。他在第八十問〈中國會不會有一天變得民主？〉，只輕巧的做了預測，認為中國可能會持續逐步開放，但止步於民主機制的界線之前。那時候，獨裁政體逆勢操作還沒到達高峰，獨裁政治的操控機巧還沒有真正向全球撒潑。

臺灣的讀者經歷過長達三十八年的戒嚴體制，雖然解嚴了三十年，政黨輪替了三次，但我們對獨裁潤物無聲的影響經常習而不察，對威權有著無比的親近性，對獨裁統治的操作還不具備足夠敏銳的辨識度和抗拒能力。當我們面臨作為民主制衡機制的罷免爭議，眼見著香港警察以「串謀顛覆國家政權罪」起訴四十七名參與二〇二〇年民主派初選人士，看著緬甸安全部隊鎮壓反對軍事政變示威者造成多人的死亡，其中包括一槍貫穿頭顱的鄭家希（Kyal Sin），十九歲的她倒下時，身上穿著「一切都會好起來」字樣的T恤……或許會想，順服於強權遠比站上街頭來得方便。只是我們安於這樣的方便嗎？民主不保證豐衣足食，但民主允許你開始思索：我想要成為什麼樣的人？我可以期望什麼樣的社會共同生活，以及想像「我」在這個社會共同生活中能夠扮演什麼樣的角色？我以及我們該接受什麼樣的政治支配？願意在什麼樣的條件下被統治？我們想要什麼樣的政治文化？或許，打開這本小書，答案正落在民主所能允諾的，以及獨裁所不能觸及之處。

目次 Content

II 人民創造民主 59

III 民主有其歷史 91

IV 權利與自由 123

V

民主在德國 151

VI 變動中的民主 185

VII 關於民主——還有什麼其他的要說？ 211

民主做為一種生活形式 231

IX 歐洲、西方、世界 259

X

民主的困難 287

XI 民主是否有未來 317

代導言

1 你對民主有興趣嗎？

民主是否能讓人為之驚豔，產生熱情，甚至愛上它？歐仁．德拉克洛瓦（Eugène Delacroix）在那幅有名的〈自由引導人民〉（La Liberté guidant le peuple）畫裡，以一位裸著半胸的女子作為「自由」的寓意，描繪出一八三〇年在她領導下法國巴黎七月革命的街頭巷戰；不可諱言，這是以非常男性的視角將自由情色化，但是政治總是帶著情感：不僅僅只有冷靜計算的理性，還有壓倒一切的激情。在民主的歷史及其相關的理論基礎上，與理性有關的一切，一再地被觸及，扮演著核心的角色。但激情卻被認為是危險的，需要加以引導，以防止激情所引發的自利和任性妄為損及經慎重衡量過的共同利益。我們學到的民主，被視為是一種理性的理論，屬於西方國家啟蒙運動的一部分；從約翰．洛克（John Locke, 1632-1704）的契約論，經由康德（Immanuel Kants, 1724-1804）對「勇於認知」（sapere aude!）的呼籲，再到當代尤根．哈伯馬斯（Jürgen Habermas, 1929-）的民主理論，這一脈論述都奠基在「人具有理性理解能力」的構想上。換句話說，必須基於「好理由」來說服人，而不是讓人被激揚的情感沖昏腦袋。

德國的政治文化與民主的關係並不特別愉悅，無論是對輕鬆的活動，還是對悲傷的紀念典禮都充滿了疑慮。這看看在法國或美國的政治儀式中，那些共和式的國慶活動或是美式唱國歌的狂熱就知道了。自由帶著強烈情感反映在它的象徵符號裡，不僅表現在畫作裡的巷戰中，同時也出現在紐約港外的火炬裡；甚至，十九世紀初德意志地區的人們，也曾圍繞著「自由之樹」[1]歡慶民主祭典。美國畫家諾曼．洛克威爾（Norman Rockwell, 1894-1978）將美國總統富蘭克林．羅斯福（Franklin D. Roosevelt, 1882-1945）在二戰期間提倡的《四大自由》

* 此書注釋均為譯者注。

1 自由之樹（Freiheitsbaum）是法國大革命時期象徵自由的標誌之一，常見的形式是一根高木竿，竿頂懸掛旗幟。最早可追溯到一七六五年在美國波士頓為抗議推行印花稅法案的行動，抗議者將稻草人掛在榆樹上，稱為「自由之子」，隨後流行於歐洲。自由之樹在法國大革命時是共和勝利的象徵，拿破崙占領德意志地區時，又成為抗議拿破崙侵略的標示。十九世紀初重新出現於巴伐利亞地區的節慶活動中，之後，被納粹政黨大量運用於宣傳活動中。

視覺化成系列畫作[2]，畫中香脆的火雞在家裡餐桌上傳遞出的訊息：面對這麼多的自由，讓人口水直流！或說，這種熱情如此強烈，強烈到讓人不惜獻上生命，就如自一九四五年以來新罕布夏州的座右銘：「不自由毋寧死」。

德國卻不是這樣，它在朝向民主的過程中終於變得理性。國家社會主義（納粹）統治時期，非理性占了上風，不受控制的激情導致政治危機，那些激情煽動了許多人，讓人不由自主地想到，一九四三年二月十八日在紐倫堡所舉行的納粹黨代表大會的畫面，或者約瑟夫・戈培爾（Joseph Goebbels, 1897-1945）在柏林體育宮的演講。早在二十世紀初，韋伯（Max Weber, 1864-1920）就已將「魅力型」（Charisma）統治和「理性型」統治區分開來，儘管他個人絕對偏愛那些具有領袖魅力、能夠激發熱情的民主政治家。早期的聯邦共和國在領教過希特勒的領袖魅力之後，對政治熱情敬謝不敏。西德聯邦對民主的基本感情，毋寧更貼近於「終於挺過去，鬆了一口氣」的情緒。直到今天，在德國慶祝民主依然不可避免地與獨裁政治中真切的恐怖記憶聯繫在一起。民主相關的運作，比如選舉，並不會在五彩繽紛的民間節日中舉辦，而是在莊嚴的慶典中進行，初期的星期天選舉甚至是彌撒禮拜後在聖壇旁舉行。

民主還有另一種表達的類型。德國作家葛拉斯（Günter Grass, 1927-2015），在一九六五年為當時社會民主黨（SPD）主席威利・布蘭特（Willy Brandt, 1913-1992）撰寫競選文稿時，以政治詩〈我建議你們選SPD！〉（Ich rat Euch, Es-Pe-De zu wählen）成為政治文宣的代表作[3]。葛拉斯向他的聽眾展示了一首向布蘭特致意，名為〈民主，我為你唱〉（Dich singe ich, Demokratie）的讚歌；他取法美國詩人惠特曼（Walt Whitman, 1819-1892），以激情、勇氣，充滿幽默的技法——葛拉斯稱之為「林肯的話術」——來歌頌民主。類似的例子還有同時代的約瑟夫・波依斯（Joseph Beuys, 1921-1986）[4]，他透過行動藝術來表達政治。就像上世紀六〇年代，二十一世紀初期的藝術家也經常思索民主的表現方式和情感質地。加拿大的

2 諾曼・洛克威爾，美國二十世紀初期畫家、插畫家，以寫實的手法描繪美國理想生活聞名。一九四三年諾曼以羅斯福總統的《四大自由》為主題，在七個月內畫出四幅連作，其中〈免於窮困〉（Freedom from Want）是以一家人圍繞餐桌展示火雞為構圖。美國財政相關部門隨後以四幅真跡巡迴展示，銷售戰爭債券。

3 威利・布蘭特，為一九六一年柏林圍牆建立時的西柏林市長，六八學運後出任西德聯邦總理（一九六九）。一九七〇年十二月七日，布蘭特在華沙猶太隔離區紀念碑前下跪道歉。諾貝爾文學獎得主葛拉斯是布蘭特的政治文膽，在布蘭特政治生涯中的重大事件裡都有葛拉斯的身影。這首有名的競選詩〈我建議你們選SPD！〉是葛拉斯操刀的文宣，登在明鏡週刊，原題為〈全德國人的三月〉（Gesamtdeutscher März）。

4 約瑟夫・波依斯，為德國當代重要觀念暨行動藝術者，作品多元，一九八〇年為綠黨創黨黨員之一。

行動藝術者戴夫·梅斯林（Dave Meslin）[5]曾丟出一個問題：你如何感受民主？並且呼籲大眾在推特上「與民主調情」。無論如何，人並不需要天天對著民主展現出「責任感」，這是政客最喜歡宣揚的。此外，民主的熱情可以涵蓋的範圍極廣，包含了對自由的愛，但同時也允許人民抗議、氣憤，以及對不公不義的行為發出正義之怒。

5 戴夫·梅斯林，加拿大當代社區營造者，以行動藝術結合社區營造的方式改革政治。一九九〇年代末期，他成立多倫多都市空間委員會（Toronto Public Space Committee），以提高多倫多市民積極參與政治為宗旨。二〇〇〇年被時代雜誌選為年度十大行動者。

2 或者，你對民主失望？

對民主的不滿是普遍存在的：對政治系統缺乏效率感到失望，對政治人物的腐敗感到生氣，「就因為坐大位的人想幹什麼，就幹什麼！」而對自己有限的影響力充滿了無力感和失望。嚴格來講，這些情緒只有在看起來沒有任何補救措施之下，才會變成憤懣。一旦如此，人會終結自己的義務和承諾，並且轉身離去，不再參與投票選舉，不再關心電視新聞報導。在過去幾年內，對這些憤懣已經有許多討論，但是不滿情緒的程度是否比以前更大，卻有爭議。一般來說，對民主的支持和特別是針對德意志聯邦共和國政治制度的贊同，近幾年甚至還有所成長。

一個對政治無所限制且充滿興味的黃金年代，從未出現過。「對政治失望」、「對政黨不滿」，這兩個句子可以進一步追溯到聯邦共和國的歷史。對政治的挫折感是受到傳統，特別是藉由受過文化教養的市民階級所保留下來的，至少持續影響到一九六〇年代，而這種對政治的失望在威瑪共和時代已經使得人人活得痛苦，不知所從。《基本法》通過後的很長一段時間，西德人不得不去學習他們新的政治秩序優秀於納粹時期和帝國時代，而老一輩的人卻喜歡召喚鄉愁。現今，過去歷史的包袱只扮演了微不足道的角色，很多年輕人甚至不知道這一切。儘管如此，對民主的不滿，在德國比在其他地方更快地變成生活基調，而非務實地推動改進。對民主的挫折感，很難轉化為其他語言。

當男女市民不是退縮回去，而是站出來表達他們的憤怒，也就意味著，對民主的失望反而經常轉變成參與民主的觸媒。在二十一世紀初期，不僅在德國，也不僅在西方國家，而是在世界各地，以及全球化的抗議運動中，似乎形成一種看似矛盾的關聯：也就是，對古典的政治機制、對於傳統參與政治的機會（藉由政黨或是透過選舉）不斷感到失望和憤怒，但是同樣地，也不斷在召喚民主，呼籲一個「真正的」和更好的民主，以作為正面積極的表率，用來抵抗令人失望的現實。民主在每個人的嘴中，在所有的海報和橫幅上。當前談民主，比歷史上任何時代，都更加成為全球所憧憬的境界和被預設的視角。

在二〇一一年的秋天，巴士開過佛羅倫斯，車上英文印刷字母大寫著「衰落的民主」，讓人清楚可讀，它展示了一個關於民主的現況。這個挑釁的文字遊戲描繪出兩端的關聯，一端是挫折感與對民主失落的恐懼，另一端是希望與對民主再興的重造。民主在衰落中嗎？請再重新審思民主吧，請再多想想！

I 民主創造國家

3 到底什麼是民主？

政治用語裡很多概念詞源自於希臘文或是拉丁文。「民主」這個詞意謂著人民統治，由兩個古希臘字 *demos*[6] 和 *kratein* 組成起來。但是德文裡的「人民」（Volk）卻是一個令人眼花撩亂具有多重意義的概念，類似於古希臘字 *demos* 的用法。它可以指正面的意義，也就是強調「政治上的人民」（das politische Volk），也可以帶著貶義指平民百姓，單純的人，沒有受過教育、不具文化且在群聚時具有暴力傾向的人民。在這意義上，古希臘最重要的憲政理論家亞里斯多德（Aristotle, 384-322 BC）對民主的評價很低。他把民主說成是一種動盪混亂而非明智謹慎的統治形式，而把一個良好的、合乎理性的多數人統治的典範，稱之為共和 *Politie*[7]。此外，還要加上動詞 *kratein*，這字是指統治，行使權力之意。而更加高尚且更節制的行使權力，則稱之為 *archein*，意即領導或引領，直到今天這個字義還會出現在其他國家形式的概念中，如君主制。就此而言，我們所說的民主，可以是標示那種抽籤式的民主 *Demarchie*[8]，或者，是那種以法律（nomoi）約束為要，用來指稱由法治所支配的民主政權 *Nomarchie*[9]。也因此我們可以說，民主這個字義龐雜難解，並不是一個簡單方便的字眼。

民主，它毫無疑問且絕對正面的意義，遲至二十世紀才被人接受。在此之前，民主一直存有爭議，幾乎不曾用來表達理想的統治形式，既不出現在政治理論和哲學中，也不被政治家所接受。在古典希臘時期，乃至十八、十九世紀，民主經常被視為純粹地不可能：現實上人民如何能以他的愚笨、隨便地、興之所至，以及一切的激情來統治、領導一個國家？最好

---

6 demos（希臘文 δῆμος dēmos）是古希臘城邦內最小的行政單位，原意是鄉村聚落，也可以指單一血緣氏族的聚落，因而有共同體的意思。這個概念引申指向城邦公民，擁有充分公民權的全體公民。

7 Politie（希臘文 πολιτεία, politeía），有政府、憲法、國家管理等多重意義。亞里斯多德在他名著《政治學》（*Politik*）中，將國家的統治形式分為個人統治、少數統治、多數統治三種形式；三種形式又以追求公益還是私益區分好壞：好的追求公益的政體如君主制、貴族統治和共和政體（Politie）對照追求私益的政體，如僭主政體、寡頭和民主（Demokratie）。

8 Demarchie 亦出自亞里斯多德的《政治學》。希臘城邦時代在雅典曾經為了防止選舉過程的腐敗與暴力，採用抽籤決定議員、法官等統治管理者，近世威尼斯共和國也有類似做法。當代澳大利亞哲學家約翰．伯恩海姆（John Burnheim, 1927-）再度標舉出這種抽籤方式，用來區分選舉中的民主操作，強調在陪審團制、公眾參與的審議民主也都具有隨機的元素。

9 Nomoi（希臘文 Νόμοι Nómoi），法律、規範之意，出自柏拉圖晚期作品《法律篇》，其以對話形式探討最佳國家的憲政設計，從「誰有權力制定規則？」開始，討論有關公民共同生活的一切規範。

的例子，就如開明的普魯士國家總理卡爾·奧古斯·哈登伯格（Karl August von Hardenberg, 1750-1822）對法國大革命的印象：民主的可能性只存在一個烏托邦的未來。但正是如此，民主不僅在實踐上，同時也在概念上創造了它驚人的成就，而且日益全球化。這個希臘概念詞證明了它的優勢：它出聲表述，並且幾乎同時寫入那些最重要的歐洲語言中。

4 民主和共和的區別在哪？

官方上的區分很清楚。就如同君主政體，共和制是一種國家形式的稱謂，這也是為什麼「共和」屬於許多國家官方名稱的一部分：法蘭西共和國 *République Française*，也就是法國式的共和國，類似的還有義大利共和國 *Repubblica Italiana*，國名甚至成為補充形容詞。其主要的宣示在於：我們是共和國！又或者如：南非共和國、波蘭共和國（波蘭文：*Rzeczpospolita*，指向十八世紀的貴族共和國）。這些稱謂基本上顯示了可以稱之為民主的政府形式；而政府形式也可以是軍事統治、或者是專制獨裁，將國家權力集中在一個統治者手中，也就是獨裁統治，或是威權領袖。

共和制可以簡化成與（世襲）君主制相對立的制度。當國王（或是皇帝、統治貴族）倒臺時，共和就出現了，古羅馬正是如此。而共和走到終點時，君主制再次登場，一個新的帝國體制出現，這種體制最早由奧古斯都粉飾為「元首制」（Prinzipat）[10]。或者我們也可以把共和翻譯成「自治」，直到二十世紀「我們自己」（取代君臨天下）通常是指享有特權的少數公民。因此，共和常常是民主的先驅，一種獨特的民主原型，所以一七七六年在北美洲英屬十三個殖民地成立的共和國，也還不算是民主國家——即便是以白種男人這類狹隘的定義來看，都還尚未達標；這個目標直到一八三〇年代才得以實現。而南非在種族隔離時代是一個共和國，直到一九九四年第一次普選，廢除種族隔離制之後，才成為民主國家。

儘管英國是一個君主制國家，但是也非正式地被冠以「民主母國」的美譽。近代民主的興起，若是沒有共和制以及各種共和運動，則是無法想像的。不知何時起，要求自由、主張具有自治性質的共和制已不限於少數群體。共和制的興起，一直到上世紀六〇年代，都還經常是出自反帝國、反殖民霸權的各種獨立運動。對外爭自由，並不自動導致境內的自由和民主，但幾乎總是會連帶地提出這問題。在德國的勞工運動中，從一八七〇年代的「自由人民之國」（Freien Volksstaat）[11]貫穿到一九一八／一九年間的革命，都可以看到這兩者目標緊密結合。儘管民主從過去至今已以緩慢、改革式的方式漸進成長，但君主制在二十世紀仍然繼續挺立，就如在大不列顛和斯堪地那維亞那樣，且甚至在危急狀態時，提供了凝聚認同的力量，保障了民主式的自由。而歐洲聯盟（簡稱歐盟，Europäische Union），也從各個共和國的聯盟逐漸變成不同民主國家的結合。

10 *Prinzipat*，中文譯為元首制，是指西元前二七年至西元二八四年羅馬帝國這段時間統治結構的現代術語，源自拉丁字 *Princeps*，「第一個」之意，具有雙重意義，既是「第一公民」（*princeps civitatis*），同時也是元老院中最受尊敬的議員（*princeps senatus*），在權力平等的元老院中遇到重大決定時，享有第一發言權。這種政治結構歷經多次的改變，在保留共和傳統或在元首執政合法性之間拉鋸，不斷適應新的政治發展趨勢。

11 *Volksstaat*，「人民之國」這個概念詞出現在十九世紀，指政府權力來自於人民的統治形式，與民主同義。同時間出現另一個詞：*Freistaat*，自由國，作為共和制的同義詞。一九一五年德國學者將「人民之國」視為國家與人民的結合體，作為對立於威權國家的概念詞。在一次大戰結束後，德意志帝國旗下許多邦脫離皇權統治，自動在邦名上冠以人民之國，其中巴伐利亞邦在一九一八年正式的官方名稱即為：自由的人民之國巴伐利亞 *Freier Volksstaat Bayern*。

5 民族有害於民主嗎？

這問題對德國人來說，比其他的民族更加迫切，因為德國人在十九和二十世紀有過特別糟糕的民族主義經驗。在三月前期（Vormärz）[12]和一八四八／四九年的革命中，民族主義和以民主爭取自由的方向，兩者彼此糾葛重疊。詩人奧古斯特・海因利希・霍夫曼・馮・法勒斯雷本（August Heinrich Hoffmann von Fallersleben, 1798-1874）所寫的德國國歌〈德意志之歌〉（Deutschlandlied）[13]到今天還帶給我們這種矛盾。在普魯士威廉皇帝的帝國時期，激進的民族主義組織獲得認可，就像「泛德聯盟」（Alldeutscher Verband）[14]不僅對威權專制的政治藍圖表示敬意，還提出德國民族優於其他民族的攻擊性主張。此外，還有一個充滿種族主義思想的德意志民族主義，要將自己土地上的少數族群排除在民族共同體之外，而這一切為後來的納粹思想做好了準備。也因此，許多人雖然因一九四五年之後德國的分裂而受苦，但是對於這個民族國家的瓦解並未感到不滿。民主，作為德意志聯邦共和國最重要的經驗來說（同時也是前德意志民主共和國〔即東德〕自我形象的一部分），必須對抗民族主義，並且在民族國家的框架之外實現。

但是，民族主義和民主彼此仍然緊密關聯。民族主義興起於十八世紀末期，被視為一種解放，一種對抗君主制度和帝國權力、對抗威權統治和家父長的解放運動。「民族」和「人

12 三月前期，是德國近代史上一個專業術語，指拿破崙革命之後，一八三〇到一八四八年三月革命之間的一段德國歷史，地理指涉範圍只限於一八一五年維也納會議之後所成立的日耳曼邦聯。這個時代特徵是：政治上各地王權復辟，社會經濟上出現從農業到工業化的轉型問題，伴隨著嚴重的貧富不均。最重要的是，在這時期興起了近代民族主義、自由主義和社會主義。也有歷史學者將這段時期往前推，從一八一五年維也納會議開始算起，稱之為梅特涅時代（Ära Metternich）。

13 奧古斯特・海因利希・霍夫曼・馮・法勒斯雷本，一八四一年因法國對萊茵地區領土的擴張而寫下這首〈德意志之歌〉，配上海頓（Franz Joseph Haydn, 1732-1809）在一七九七年所寫的旋律，是當時德意志民族運動眾多歌曲之一，直到威瑪共和時才正式成為國歌。到了納粹時期，節選詩歌裡的意象，強調德國高於一切的普世存在，忽略原詩中對女性的讚美，以及對法律與自由的呼籲。二戰戰敗後，聯軍曾短暫禁止納粹時代所有相關歌曲，這首歌在一九四九年才被解禁，一九五二年在聯邦政府公報中宣布成為聯邦共和國國歌，沿用至今。

14 泛德聯盟，一八九一年因不滿普魯士帝國與大英帝國為非洲殖民地和北海小島黑爾戈蘭島的協商而成立，直到一九三九年納粹掌權下令解散。泛德聯盟是帝國時期最具影響力和煽動性社團，以反猶主義和種族主義的思想為主，鼓吹軍事擴張，建立新的德意志民族主義，影響擴及奧地利。這聯盟與第一次大戰後的泛德運動，意識形態和思想多有重疊，但彼此沒有組織上的關聯。

民」這兩個概念在政治語言上密切相關，它們並不只是在納粹語境下帶著種族意涵的人民之意，同時也有充滿活力，以及均等主義的意涵。也就是說，從法國大革命之後，當所謂的「人民」一旦被揭櫫開來，人們就開始思考被壓迫的下層階級，同時開始要求國家公民必須一體平等。

相對於階級社會，「民族」具有一個普遍原則：沒有特權，民族之內的所有成員都享有相同的權利。在去殖民化，消除西方殖民霸權的過程中，解放運動動員出一種新型態的解放式的民族主義。同樣的，一九八九到一九九〇年間，在中東歐和波羅的海地區的國家對民族獨立的要求，始終和政黨專政的轉型，過渡到自由民主的過程密切相關，即便是捷克和斯洛伐克兩者最後分家[15]，各自走出自己的路也一樣。然而，民族主義醜陋的嘴臉並未因此隱藏起來，它表現在一次又一次地以傲慢的態度或鎮壓的手段，對付自己境內的少數族群。

民族和民主仍然保留在一種矛盾曖昧的關係中。一方面民主跨國形式的分量逐漸增加（見四十九、五十九問）；另一方面，民族國家仍然是保障民主憲法最重要的形式，其他的替代方案並不是那麼顯而易見（或是可執行的）。民族國家是保障自由權、歸屬感和政治參與的主要空間，某種程度上這種保障還包含了社會的團結，甚至就連社會福利國也一樣是在民族國家的框架下發展出來的。

15 第一次世界大戰後奧匈雙元帝國解體，一九一八年流亡在美的捷克人和斯洛伐克人簽訂《匹茲堡協定》，確認共同成立獨立國家的意願，並以西歐國家為範本，建立民主自由兼具社會主義的法治國：捷克斯洛伐克，Tschechoslowakei。一九三八年在沒有捷克斯洛伐克代表之下，英法等國與納粹德國和義大利簽定《慕尼黑協定》，將蘇臺德地區割讓給德國。次年納粹德國以接收蘇臺德地區為名，吞併捷克斯洛伐克。二戰後的冷戰時期，在蘇聯控制下捷克斯洛伐克改名為捷克斯洛伐克社會主義共和國。一九八九年發生絲絨革命結束共產黨專政，更名為捷克和斯洛伐克聯邦共和國。後因捷克和斯洛法克兩者間的民族矛盾和經濟差距擴大，經議會表決以和平的方式在一九九三年一月一日正式分為捷克共和國及斯洛伐克共和國兩個獨立的國家，稱為：「天鵝絨分離」（Zánik Československa）。

6 什麼是權力分立？

十八世紀，專制獨裁者權力集中的方式遭致批評。像孟德斯鳩（Montesquieu,1689-1755）這樣的啟蒙作家認為，若是立法者只是立法，但並不負責執行，而且一旁還有獨立的法院作為審核機構，就可以避免政治上的恣意妄為和專橫暴力。自此，立法權、執行權和司法權就有了區分，或用拉丁文來表示：立法機構 *Legislative*、行政機關 *Exekutive* 和司法機構 *Judikative*。權力分成不同的形式，是現代民主自我形象的核心，而且經常納入憲法中。根據德國《基本法》第二十條第二款的規定，人民以選舉和投票透過立法、行政和法院等特殊機關行使國家權力。

權力分立的基本動機和批評專制君主的理由一樣：應該避免權力集中在一個人的身上（或是一個國家機關、一個政黨，諸如此類）。二十世紀的獨裁經驗顯示，這是多麼地重要！一九三三年三月二十三日，國會通過《授權法》（Ermächtigungsgesetz），也就是立法機構將它的權力讓渡給希特勒掌控的政府，這是廢除威瑪共和民主制最關鍵的一步。

在歐洲大陸，分立的想法是非常明確的，也就是人們常說的權力分立。英美傳統強調權力平衡和權力之間相互監督的功能，將其稱之為「制衡」。在英國，國王、上議院和下議院彼此之間應該相互制衡。這個舊理想在一部混合憲法中存續下來：在美國憲法中，總統體現了君主制的元素（也就是行政機構），參議院代表了貴族的智慧，眾議院則代表人民的聲音。

在英美這種三權的分立中，缺少了法院。要求從國家權力，特別是從行政部門分出來一個獨立司法機關，有部分根源是出於自身的理由。在十九和二十世紀，法院日益強化，成為對另外兩權的控制機構：行政法院審查有關當局的行政措施，憲法法院監督立法機構。相對而言，特別是在議會型的政府體制中，區分立法和行政單位變得更加困難。就這點而言，分權原則與議會代表人民統治的原則相吻合。威瑪共和（只到一九三〇年）和聯邦共和都是由議會裡的多數政黨組成政府，而總理和部會首長不一定必須是聯邦國會議員。這是為什麼在運作中會不時出現雜音：如果按行政職位和議會職務的分離原則，部會首長是否應該放棄議員的議席？這是更民主，更符合權力分立的做法嗎？或者這會讓民主代表制與政府行政之間的區分倒退回到前民主關係？

這個分立原則的意義從過去一段時間以來產生了一些變化，例如，一些國家機構和歐盟組織彼此加強合作，透過這種方式，歐盟可以被人理解為一個縱向的權力分立（不同於傳統的橫向關係），成為一個新的制衡機制。

7 民主國家為什麼需要一部憲法？

無論如何，一部憲法並不能使國家走向民主。在二十世紀一樣有獨裁者或者專制政權頒布憲法。德意志帝國在一八七一年就已經有了一部相對現代化的憲法，卻沒有走上民主。相反的，直到今天還有一些民主國家並沒有頒布憲法，當然，特別指的是英國，也就是大不列顛及北愛爾蘭聯合王國。停一下！他們有一部「不成文憲法」，甚至有個專門概念叫英國憲法 British Constitution，用來指稱所有基本規則的總和，根據這些規則讓整個共同體動起來，例如，君主和議會機構可以互動。這絕不僅僅是在腦袋中將規則內化成習慣這樣的事而已，而是你可以信賴這些規則、遵循它們，並且據以行動。很多規則完全以書面形式寫下，只是沒有集中在一部單一的憲法之下。狹義而言，人們所理解的憲法，就像是國家的基本法規，是一個寫下來的成文憲法憑證，也就是一部確定國家形式以及公民權利義務原則的憲法

Konstitution。

第一部現代憲法，是一七七六年北美諸邦向大英帝國聲明它們獨立而寫下的單一憲法。這憲法的火花傳到歐洲：首先是波蘭，然後是一七九一年的法國，一八一二年的西班牙憲法，以及同一時間的德意志地區的諸邦國。自一八一八年以來，巴登邦是其中最先進的，在三月前期時，證明它是民主潮流的沃土。普魯士和奧地利，這兩個德意志民族最大的國家，在一八四八／四九年革命期間接踵其後。

憲法裡到底有什麼？令人驚訝的是，兩百多年來變化不大。幾乎總是能找到三個要素：第一，一部憲法開篇明義通常是一種主權宣示，涵蓋一個基本建國的說法，常常是以一個標題、一個序言來表示。最有名的是一七八七年美利堅合眾國憲法的序言開頭「我們人民」（We, the People）[16]，德意志的憲法也遵循這模式。第二，在這種宣示性序言之後，通常是有關組織的部分，規範國家機構和運作機制，包含職務、組織、選舉，以及權責。所以每一部憲法都可以辨識出最基本的國家構造：誰選誰？誰允許做什麼？第三個組成要件是有關基本權利的部分。在過去，這部分往往是附屬的，幾乎是憲法的附件，就像一七九一年美國人權法案，實際上是聯邦憲法的前十項修正案（amendments）。德國為了承擔納粹獨裁政權及其暴行的後果，一九四八年制憲大會（Parlamentarische Rat）[17]調整了基本權利，緊接在序言之後，以「基於人類尊嚴不可侵犯」為始，作為西德聯邦憲法（在當時仍然屬於暫時性的）的開頭，並且宣布它是「直接適用的法律」。

憲法的意義並不只是在對法庭存有疑義時，可以依憲法起訴。同時，憲法的公共影響和文化意義也存在一個軟性的面向，就這點而言，民主國家之間有很大的差異。德國和美國具有鮮明的憲政文化，法國則不然；這是從是否擁有有憲法法院的意義而言，也就是美國設有最高法院，而德國是聯邦憲法法院。因為舊的民族主義證明是極其危險的，因此道夫·史騰

---

16 美國憲法序言只用一句話五十二個字，闡明基礎立論和目的。序言開頭「我們人民」首次將「人民」作為訴求主體，而非效忠某位血緣繼承的國王或神權代理，具有劃時代的意義。

17 制憲大會，是二戰後從一九四八年九月至一九四九年六月由英美法三個占領區內的十一個地方議會所組成，主要任務是在三年內完成清除納粹獨裁的遺緒，並且以民主原則重建德國的政治體制。一九四五年五月八日，制憲大會通過《德意志聯邦共和國基本法》，是當時西德聯邦政府建立的憲法基礎，這也成為兩德統一後的憲法版本。此外，這個制憲大會還制定選舉法以及有關聯邦議會的規定，以此為基礎，一九四九年九月十二日在西德舉行第一次聯邦總統選舉。三個英美法占領區正式成為德意志聯邦共和國，取回國家主權。Parlamentarische Rat，中文譯名不一，學界有譯為制憲國會、制憲會議、立法會議，日本譯為議會評議會，為避免和日後其他形式的議會混淆，此處採用制憲大會。

貝爾格（Dolf Sternberger, 1907-1989）[18]和尤根・哈伯馬斯為前西德聯邦共和國提出《憲政愛國主義》（Verfassungspatriotismus），主張民族認同情感應該出自於對民主憲政的認可。憲法因此擁有了神聖的光環和民間宗教的性格，成為現代民主神聖的核心。

18 道夫・史騰貝爾格，德國政治學者和記者。一九四七年史騰貝爾格任教於海德堡大學政治系，創辦不同政治學專業期刊。在漢娜・鄂蘭（Hannah Arendt）與利奧・史特勞斯（Leo Strauss）同一代的政治學者中，史騰貝爾格對政治學的規範性架構更具實證意義，被認為是戰後德國當代政治學的奠基者之一，影響極深。一九七〇年代，他首先在報紙上提出「憲政愛國主義」這個概念，哈伯馬斯繼之闡揚。

8 政黨是令人厭煩的還是不可或缺的？

政黨出自於拉丁字 *pars*，為「部分」之意。所以政黨這個詞表示：人有不同的信念和興趣，但志同道合的人會彼此聚集起來；所以，除了獨裁統治的一黨專政之外，必須至少要有兩個競爭性的政黨存在。傳統的民主國家，如美國和英國，雖然一直存在許多小黨，卻出現了兩黨制，至今還是主要的運作方式。兩大政黨滙集了基本的偏好：要更保守還是更進步？是更偏向自由經濟還是更喜歡由國家主導的社會主義？相對的，在歐洲大陸包含德國在內，卻是多黨制占主導地位。自十九世紀以來有三種政黨選項：保守的、自由的、社會主義的，也就是社會民主式的。此外，特別是在天主教國家，通常還會有一個天主教派的政黨，例如直到一九三三年才被解散的德國中央黨（Deutsche Zentrumspartei）[19]，它是二次大戰後基督教民主黨（CDU）的前身。

因此，政黨可以是截然不同的形式。首先，他們是思想言行的共同體。在許多國家，政黨作為一個組織的重量比起在德國要小得多，例如在美國，只需要登記符合條件就可以成為民主黨或者共和黨的選民。但是，選舉總是攸關利益的集合，攸關自己的候選人在政黨競爭的對抗中能否貫徹始終。要到後來，特別是以社會民主黨作為典範，對政黨的想像和理解才凝固成一個緊密的、具有階級性以及專業性的團體組織，不僅可以召喚他的選民走向投票箱，還可以在整個生活圈中伴隨著選民，例如在青少年團體，或是在勞工組織中。

德意志聯邦共和國成立時，德國人因在民主體制中終於給予了政黨它應有的位置而自豪；但他們卻也同時懷疑無用的黨爭，質疑各種利己主義的爭權奪利，認為這些都只會妨礙共同的利益，因此《基本法》第二十一條規定：「政黨應參與人民政治意見之形成」，同時政黨本身必須以民主規範加以約束。這民主理想型的構想是出於一九四九年，當時的男女市民對政治感興趣，為此爭辯，並且站出來組成政黨。政黨主義又再度成為代議民主議會制裡的核心。

以這個理想型來衡量，政黨民主制已經超越了它自身歷史的高峰。自一九七〇年以來，個人化逐漸泯除了社會和宗教生活圈的框架，取而代之的經常是民粹運動。二戰後像義大利許多國家幾乎已經無法再辨識其中的政黨運作。一九八九年以後，中東歐的新興民主國家也比一九四五年成立的民主國家更難以建立起穩固的政黨結構。隨著政黨成員的萎縮和老化，政黨逐漸減少政治上的分量。青年寧願參與具體的計畫，像人權或環境議題，卻會猶豫是否加入政黨。而政黨是否可以重新自我再造，還是未知數。

19 德國中央黨成立於一八七〇年代。在普魯士帝國與羅馬天主教會政治角力中，教會人士組成中央黨對抗首相俾斯麥所主導的文化鬥爭（Kulturkampf），而後成為德意志帝國和威瑪共和時期最具影響力的政黨，代表了政治上的天主教主義。一九三三年納粹解散中央黨，在二次大戰後成為現在的基民黨（CDU），長期為執政黨，也因此基督教元素在德國的政策上依然具有極大影響力，特別是在宗教和文化領域。

9 真的必須要有執政黨和反對黨嗎？

「反對黨都是胡扯！」德國社會民主黨（SPD）聯邦議會主席法蘭茲．明特費林（Franz Müntefering, 1940-）二〇〇四年三月在為他的黨加入聯合執政進行意願宣誓時，公開這麼說。為什麼所有選入議會的政黨和團體不能統統加入執政團隊？那將會是一個在聯邦共和國史上從未有過的全黨政府，而且只有在極度危機時候才會被人視為合理且有用。但是，也有其他國家認為這才是民主的理想化和正常狀態。瑞士實行的是一種「協商式的民主」（Konkordanzdemokratie）[20]，一種藉由協議的政府形式，在其中所有政黨，也就是議會黨團[21]達成一致（拉丁文所稱的 *concordia*）。幾十年來，甚至聯邦參議院和政府的職位是依比例優勢，以一種固定的「魔術方程式」分配給各黨派。

幾乎各地都可以找到協商式民主想法的痕跡。在德國，偏向大聯合執政的最新傾向居然有所增加，或說是希望在重大議題上盡可能地納入各個政治派系。而這種對共識的渴望，對尖銳衝突的恐懼，在過去卻經常受到德國人的批評。是的，在威瑪共和時期對黨爭的批評，甚至是德國人反民主傳統的一部分。也因此聯邦共和國的政治文化選擇了另一種模式，以英國議會為榜樣的競爭型民主，一種稱之為西敏模式（Westminster-Modell）[22]的民主：選舉勝利的政黨接管執政責任，或是尋求可以幫助達成選舉多數目標的小政黨，作為聯合執政的夥伴；而敗選者則成為議會的反對黨。

首先，這方式增加了議會對政府的監督，就理論上來說議會控制了行政部門，但實際上對執政黨的國會議員來說，控制是有限的。其次，除了控制功能之外，反對黨是處在執政的

---

20 *Konkordanzdemokratie* 協商式民主，或譯為「審議民主」，源自於瑞士的政治系統，並非出於憲法規範，而是從實務中逐步發展出運作方式，其旨在於盡可能地納入最多不同行動主體參與政治決策的過程，如政黨、組織團體、少數族群等等，以建立共識來形成政策。在這過程中，多數決的規則並不具主導性。而這種政治操作，被學界視為是競爭型民主或是多數決民主制的反面，從一九六〇年代末期開始流傳，德國的社會學者 Gerhard Lehmbruch，以及荷蘭的政治學者 Arend Lijphart 以不同的路徑加以完善，發展成完整的政治學理論。

21 *Fraktion* 瑞士的議會黨團，獨立於政黨，在法律上具有公法人性質，可以成為憲法訴訟、行政訴訟的當事人。

22 *Westminster-Modell* 西敏模式，為當代民主憲政體制的一種，指十三世紀起從英國發展起來的議會民主制度，奉行議會至上原則，主要在大英國協成員中實行。註20中提及的學者 Arend Lijphart 亦曾對西敏制加以歸納分析，進一步成為現代政治學上論述對象。

後備區，它必須隨時準備好承擔責任。這個前提是，選舉的鐘擺是在不太長的週期中來回搖擺，而選舉的多數決制支持著這樣的替換。在英國不成文憲法中，反對黨從十九世紀以來就不是悲傷的灰姑娘，而是正式被承認的政府機關：「女王陛下的官方反對黨」（Her Majesty's Official Opposition）。第三，最後一點，在這種方式之下，衝突應該不會被掩蓋起來或是匆促地妥協，而是透過盡可能以尖銳的異議清晰的呈現出來，讓整個社會對於其他可能的基本選項，能夠互相理解而達成一致。

10 一個真正的民主制必須廢除國家和統治嗎？

對這問題有很多不同的意見，但是在實際的政治操作上幾乎沒有任何意義。大多數的人會聳聳肩，然後說：世界上大約有兩百個國家，若它們都是以民主的方式組織起來，那再好不過！但是，當長期追求的目標是一個無統治者、盡可能去國家化的社會時，那麼對於平等、自由以及自決的主張，就不必認真對待了嗎？

弗里德里希・恩格斯（Friedrich Engels, 1820-1895）在一八八四年發表的《家庭、私有制度和國家起源》影響特別深遠，其中最有名的是關於「國家消亡」，其餘只剩「事務管理」的陳述。繼恩格斯之後，革命－烏托邦的「無政府主義」（Anarchismus；Anarchie 字面上的意思就是「沒有統治」）以俄羅斯人米哈伊爾・巴枯寧（Michail Bakunin, 1814-1876）為代表，他以激進的方式遵循著這種免於國家支配的理想。在一九一七年蘇聯十月革命前不久，列寧（Wladimir Iljitsch Lenin, 1870-1924）反省恩格斯的思想論述，寫下《國家與革命》，成為他最具影響力的作品。這位布爾什維克黨（Bolschewiki）的領導人對社會民主黨所謂的「自由的人民國家」只有最深的蔑視，稱其為「小資產階級對民主一詞華而不實的套用」。依照階級鬥爭的說法，每個國家都是「不自由的」，然而蘇聯走上列寧所領導的共產主義之路，卻發展成一個真正不自由的超級大國。

幾乎所有政治潮流中，都可以找到對國家的質疑。例如，保守主義甚至是最早反對國家的，例如從貴族的角度來看，他是站在鄉村社會和階級統治秩序中擔憂著自己的權益。更重要的是自由主義傳統，它形塑美國政治文化至今。關於國家，很多人並不想知道太多，卻喜歡提及湯瑪斯·傑佛遜（Thomas Jefferson, 1743-1826）那句名言：「管得最少的政府就是最好的政府。」那些不再能承受國家與政府的人，退回到鄉村社區。一位早期的避世者，亨利·大衛·梭羅（Henry David Thoreau, 1817-1862），脫離社會退回到寂靜湖邊他自己的小屋。他對公民不服從和對抵抗政府運動的辯護，至今仍然存在於許多抗議行動和其他議題的運動中。最後，另外一種更新自由派的國家懷疑論，其動機源起於二十世紀早期至中期歐洲獨裁統治中極權國家的經驗。

二十一世紀之初，民主國家懷疑論獲得了新的吸引力。當人民與政治階級的距離擴大時，民主的合法性，對民選的政治人物來說扮演的角色極為渺小，但對那些不滿的公民而言卻又成為鎮壓的權威。儘管不符合無政府烏托邦的期待，但實際上在全球化過程中國家已瓦解了一部分。

II 人民創造民主

11 你必須對政治感興趣嗎？

人人都對政治感興趣，是現代民主國家一種常態性的預期。放棄自己的權利，或者單純只是沒興趣、漠視，有時候看起來像似背叛了民主所保障的機會，卻是相對於其他統治形式來說，正是民主所能提供的。在歷經革命、民族建構和經濟社會的動盪之後，人們展開了最廣泛的階層分疏：市民階級、手工匠人，最後是工人和下層階級，各階層的人都積極關心政治，同時表達他們參與政治的訴求。這種從根本上的政治化，將二十世紀塑造成意識形態的時代。偉大的政治思想體系，如自由主義、社會主義，或法西斯主義要求每一個人對政治表態。

這顯示了現代對於政治興趣的曖昧矛盾和其可操作性。就連獨裁政權也試圖從政治化中獲利，事實上他們強迫人民將政治置於首要地位，並且侵入私人生活領域：要求人人加入政黨，在你的窗外掛出運動旗幟！正因許多德國人受夠了納粹政權在政治上的強制力，被迫參與其中，並且犯了罪，所以他們在一九五〇年代樂於退回私領域。但在接下來的二十幾年，接近一九六八年這個象徵年份，卻反向地在聯邦共和國史上標誌出一個對政治普遍關心的高峰；隨後在一九七二年聯邦大選中，投票率上升到百分之九一．一，這是前所未有、後無來者的紀錄。幾年後西德地區加入政黨的人數達到新高點，增加約兩百萬人次。每日、每週新聞報導蓬勃發展，人人藉由訂閱表達立場，強化自己的信念。

接下來發生了什麼？從一九七〇年代起，西方民主國家進入一個根本上去政治化的時代，而去政治化危害了民主嗎？消費社會和個人自我實現的勝利，經常把政治推到後面，週末排好的行程是休閒、購物和旅行，不再是政治上的志願服務，或者上街去貼海報；但是必須謹防把一個對政治普遍感興趣的「舊時美好時光」過分理想化。激烈的政治化並不總是敦促市民去投票，通常更像是喚起責任感和例行公事。比起上一個世代，現今的興趣和參與是以另一種形式來表達，你可以在政黨之外參與政治活動，尤其是在選舉期間。少數群體和批判性的浪潮，透過自己的網站、部落格和社交媒體（如臉書和推特）就可以創造一個公共領域，這在只有影印機和郵寄的時代只能是一種夢想。人們對政治的興趣依然很高，但已不再是由菁英專斷獨享。選舉活動往往看起來比以前更無聊，但是在下一刻就會透過電子媒介傳播到全球。

在民主制度內不再能對公民的政治利益漠不關心，因此在學校課程內制定教學政策，靠納稅人的錢進行政治教育，像是聯邦或地方政治教育中心[23]。但是它仍然保留了個人是否要對政治感到興趣的自由。民主不是強制性的活動，不參與的權利正是民主一種珍貴的價值，這也是民主為了自由而承擔的風險之一。

23 聯邦政治教育中心（Bundeszentrale für politische Bildung），是一九五二年因應同盟國對德國去納粹化進行再教育的要求而成立，前身為威瑪共和時代為促進議會民主所成立的國土安全聯邦中心（Bundeszentrale für Heimatdienst）。遲至一九九七年《慕尼黑宣言》（Münchner Manifest, 1997）才明確規範這個機構的任務，寫進二〇〇一年聯邦政治教育法。聯邦政治教育中心的任務在於：透過政治教育的各種措施，增進對政治問題的理解，鞏固民主意識，並增強參加政治活動的意願；由聯邦議會二十二名議員組成董事會監管，獨立於黨派。這機構針對各種政治性議題提供出版物和多媒體教學影片，帶動許多民間社會的教育機構，是德國公民教育中非常重要的一個傳播機構。網址：http://www.bpb.de。

12 民主是基於人民主權嗎？

這是什麼問題！當然，人民主權是現代民主的核心，也是起點。人民是國家權力的起源，不是從任何王朝繼承得來或是遵循神聖意志而來的國王，更不是某些對國家機器巧取豪奪的權力者或幫派夥團。「一切國家權力都來自人民」，也因此德意志聯邦共和國的《基本法》第二十條規定，國家權力的行使，乃是透過選舉和表決，以及基於權力分立的特別機構，也就是議會、政府和法院。提出人民主權是十八世紀晚期的一項革命性行為。在此之前，人們所理解的「人民」是下層階級，是受過教育擁有權力的菁英要與之保持距離的暴民。而現在所有的人，包含貴族、甚至是撲白粉戴假髮者應該一起組成「人民」？由這共同的「人民」建立起民主自治？這是個前所未聞的想法，雖然經過仔細推敲只有白種男子暫時從政治權利中受益，但是人民主權的想法，摧毀了階級社會的政治想像。一七八九年六月十七日「第三階級」在凡爾賽宣稱代表全體「民族」，當時的三級會議變成了國民議會。在此之前的兩年，在美國費城召開的制憲會議中，以「我們，美國人民」作為序言的起始；人民是主權，為了在自由中共同生活創造了一部政治憲法和規範。

但是，像這麼綱舉目張的序言，在此之後未曾再出現。民主國家也可以不以人民為主權，就像在英格蘭從來沒有建立起那種在北美或者歐洲大陸對「人民」的理解和想像，取而代之的是議會主權。再者，特別是法式和德式對主權在民的觀念，很可能發展出另外的意涵，甚至傷害到民主和自由。在大寫單數，在單一集體的「人民」（Volk）中，個人及其權利遭到泯除的威脅。「你什麼都不是，你的人民才是一切！」在這句話中，納粹統治者表達得極其尖銳。那個被盧梭（Jean-Jacques Rousseau, 1712-1778）所美化了的人民「普遍意志」（volonté générale），應該高於單一個人的利益；如此被理解的人民主權將會傷害到少數人的權利。在納粹德國的思想領袖卡爾·施密特（Carl Schmitt, 1888-1985）的理論裡，從強力召喚人民到為獨裁統治辯護只有一小步的距離。領袖意志是人民意志最佳的體現，而對施密特來說，主權就是「誰可以決定國家的緊急狀態」（Wer über den Ausnahmezustand entscheidet.）。

德國的《基本法》仍然堅持人民主權，不僅在第二十條的條文中，也在聯邦國會議員的理解中，他們之中的每一個議員都是全體人民的代表（Vertreter des ganzen Volkes，第三十八條第一款第二句），絕不僅僅是其選區人口或其所屬黨派的選民代表。儘管如此，部分出於歷史原因，這個德國民主化的理由屢屢遭到質疑；但是基本權、法治國原則、保障少數權利，這些自由主義的成分不允許被邊緣化。這也同樣適用於與此對立的民粹主義者，他們呼籲仇視外人或是扭曲人民意志。民主最根本的還是在於人民的統治（或自治），但是也可以用其他與主權在民不同的方式來確定，例如國家公民的權利，或是民主的程序規範和機構組織。

13 為什麼政治上要分左派、右派？

政治立場形成世界觀。那些在法國大革命時期反對君主制的人，大部分比較不支持貴族和教會的特權，卻贊成新聞自由和由國家協助受苦的工人。而右派和左派的區別起緣於：一七九一年在法國的國民議會中，保皇黨人、舊政權的追隨者，或是中間溫和的改革派，坐在以主席團或議會首腦席位來看的右邊。反對階級社會者、擁護市民自由和平等者坐在左邊，再晚一點坐上位置的是共和黨人、雅各賓派、激進追求社會平等的鬥士。德國議會也繼承了這樣的國會席位的安排方式，持續至今，原則上來講，也適用於德國聯邦議會。從主席團位置來看，基督教民主黨（CDU）、巴伐利亞邦的基督教社會黨（CSU）的議會黨團坐在右邊，社會民主黨（SPD）議會黨團在左邊，在他們的左邊是「左翼聯盟」（die Linke）的黨團位置，這黨派的名稱甚至直接取自速記的縮寫，坐在中間的是聯盟九十／綠黨

（Bündnis 90/Die Grünen）。但現在座位安排不再絕對地反映政治上的自我形象。

這種左右圖式不僅可以當作對立的兩極，還可以看成一條線，在左右兩端之間還有一個中間立場。早在十九世紀初期，絕對君主制和革命派之間有一個溫和的自由派坐鎮其中，在法國稱其為「正義圈」（juste milieu），從那裡產生出以平衡、公正和合理立場作為政治中間派的想法，影響持續至今，特別是對德國的政治文化而言。最邊緣的是極端現象，從合法性民主光譜過渡到反民主態度的區域。然而，當我們檢視「右派極端主義」時，就如同檢視「左派極端主義」一樣，界線在哪裡，這個問題迄今仍有爭議。而當你將左右光譜的直線彎曲起來時，兩邊的極端會再次觸及彼此，例如極端的法西斯主義和共產主義，兩者的距離不如想像中的遠。這個政治空間的象徵意義，形塑了二十世紀中葉自由派的極權主義理論。

從一九七〇年代開始，傳統的左右、保守和進步的區分圖式，以另一種方式彼此快速地移行換位。在左派陣營中，就像綠色環保運動一樣，廣泛地對進步產生了新的質疑，至少就針對技術和工業社會而言。相反的，戰後數十年來最有影響力的基督教社會黨政治人弗朗茨．約瑟夫．施特勞斯（Franz Josef Strauß, 1915-1988）在他將巴伐利亞農地工業化時，曾宣稱，在進步的浪尖上前進，也仍然是保守的！這種傳統的左右區別應用在非西方國家時，一切都更加困難。在中國的左右派是什麼？或是處在穆斯林兄弟會、西方民主派與軍事衝突力量之間的埃及，左右派又是什麼？早在一九六六年奧地利抒情詩人恩斯特・揚德（Ernst Jandl, 1925-2000）就已預見：「有人說，你不能左右交換，這真是一個錯誤啊！」[24]。

24 恩斯特・揚德，奧地利作家和詩人，擅長以字元視覺和語音聲響，對詩的形式進行實驗。他的作品初起於語言的戲劇性，而後延伸至政治詩，如以希特勒一九三八年進駐維也納為背景的〈維也納的英雄廣場〉（*Wien: heldenplatz*）。作者此處引用的詩句出自揚德以「政治上的左右派是否可以互換」為題，藉由左和右字母 *links, rechts* 的 L 和 R 互換，而寫成的實驗詩 *lichtung*，一九六六年出版，被譽為二十世紀德國百大詩選之一，也是揚德最有名且最常被引用的作品。

14 什麼是代議民主制？

這是真的民主嗎？所有的人都到市場討論重要的事情，然後投票表決，就如古代雅典或是瑞士的議會民主。除此之外，如何統治人民，一直到十八世紀仍然是無法想像的。這種到場參與討論、投票表決的方式，在超過一個城市或一個州的國家該如何運作？若是在更早沒有網路，甚至沒有鐵路聯繫的通訊條件下呢？而我有沒有時間參與呢？也許農作採收更為重要！在階級社會就有很熟練的解決方案：不用人人到場，而是派代表出席，代表自己的利益，以及代表更大的團體。這種模式在一八〇〇年左右才被重新定義為民主，就如當今所說的，議會裡的議員是作為人民的代表，而不是作為貴族、市民或聖職人員等單一階級的代表。詹姆斯・麥迪遜（James Madison, 1751-1836）在美國一七八七到八八年間出版的《聯邦論》（*Federalist Papers*）[25]裡提出他的論證：要在像美利堅這樣擁有廣土眾民的國家建立起一個民主共和制，在實務上就只能是這樣一種代表制的體系才可能操作。

更重要的是，麥迪遜認為代議制甚至優於直接民主，因為透過它的選舉機制、層級區分和篩選條件，可以照顧到更多不同群體的利益，特別是少數族群。此外，也比只能回答是或否的全民公投，更容易找出妥協或是一個新的解決方案，但是直接民主在當代又重新贏回更多的追隨者。前面這段回溯之所以重要正在於，代議民主並不只是作為一個緊急解決方案，甚至也不是什麼「正確」的民主制，而是直接民主之外的一種類型，它有自身的優缺點。但在不削弱議會或者代表原則的情形之下，實務上反而是混合型更為重要。

究竟什麼是代表制？誰又被代表？關於這些問題，有無數的模型和理論。而每一位議員都代表了全體人民嗎？這是非常有自覺的設定，也是《基本法》所主張的（見十二問）。另一方面，議員並未受到什麼束縛，根本沒有什麼選民指示，更別說沉默的「全體人民」。他們代表了那些出自於社會地位或職業身分的特定利益嗎？就這層意義而言，人們常批評公務員、教師和律師在聯邦議會的代表比例過高，缺少勞工和手工匠人的團體，或者仍然缺少女性代表。但是，這種反對意見延續了一種思考：民主的代議制事實上正是為了超越階級社會的圖像，勞工代表勞工，官員代表官員，議會應該盡最大可能按比例反映社會。就這問題來說，不管是學界或是聯邦憲法法院並沒有建立起明確說法。甚至還可以辯解，代議民主的強項就是基於代議本質的多重意義，一切保留在未定中。或者也可以務實地說，民主不需要嚴格意義上的代表性想法，那就好像一個政治認同的身分被轉移到了另外一些人身上。我們只能在一定時間之內，選擇政治菁英和能做事的人。

25 《聯邦論》，另譯為《聯邦主義議文集》，由詹姆斯．麥迪遜、亞歷山大．漢密爾頓、約翰．傑伊三位政治人物合著，一七八八年首次出版，全書收錄八十五篇有關美國憲法和聯邦制度的報紙評論，是研究美國憲政最重要的歷史文獻之一。詹姆斯．麥迪遜其後成為美國第四任總統，因起草美國憲法以及著力於《權利法案》，而被譽為「憲法之父」。

15 為什麼國會要分成兩院？

在英國分上議院和下議院，在美國分參議院和眾議院，在德國不僅有聯邦眾議院也有聯邦參議院作為各個地方的代表，類似的還有奧地利和瑞士，由國民院和聯邦院組成聯邦議會。大多數的民主國家都體認到要把立法權分成兩廳或兩院，但是背後卻有非常不同的原則和傳統。顯然地，若是議會代表沒有基於普遍、平等、自由和直接選舉的方式選出，就不能稱之為一個民主的國家。因此，這種真正的民主元素在早期經常稱之為人民廳或人民庭。但是，為什麼還需要第二個議會？

這出自兩個歷史根源。一是在封建社會中，貴族和其他特權實體——通常是教會或大學——在面對君主體制時，保留或爭取到的一種特殊參與發言的權利。在英國上議院和代表全體人民的下議院之間的區別，自始至終反映出這個根源。在普魯士，至一九一八年時已有一個議員議事廳作為人民議會，另外還有一個由貴族所把持的貴族議會。所以只承認人民議會的單一議會系統，被視為是特別的平等主義和激進的民主主義。

但是，在這裡還有第二種思考，即聯邦主義。美國不論是作為（部分）主權州的聯盟還是作為合眾國，都應該要有第二個議會以確保每一州都有代表參與國家的立法。因此，美國參議院代表五十州的全體人民，無論規模和人口多少，每一州參議員人數都相同。類似的作法還有瑞士，每一州派兩名議員進駐到這規模較小的聯邦議會（上議會）。而在德國熟知這兩種歷史根源，首先是貴族階級具有主導地位，但自從一八七一年帝國憲法推出之後，聯邦原則取得了優勢。嚴格來說，德國的聯邦參議院不是一個議會，至少不是第二個議會（或說第一個？）。與英國、美國、瑞士和奧地利不同，德國聯邦議會和聯邦參議院並不組成一個更完整的單位，像美國國會那樣將一個議會分成兩個兩院。德國聯邦參議院本身就是一個獨立的憲法機關，和百年前美國的做法不同，在德國並沒有致力於讓參議院民主化，透過直接選舉選出參議院的議員。

因此也留下一個緊張的關係：當一個大的地方邦和一個非常小型的邦只能擁有一樣多的議員代表，這不公平或不民主嗎？在美國擁有三千八百萬人口的加利福尼亞州和五十萬人口的懷俄明州都只能有兩名參議員代表，瑞士的蘇黎世和烏里州之間也是如此極端的情況。而德國聯邦參議院採取一個折衷的方式：根據各州人口數可以有四到六名代表人數的伸縮彈性，當然這幾乎不能反映北萊茵西發利亞和布萊梅兩邦之間真正的差異。雖然以個人來計算的比例代表制，其目標並不在於解決這種落差，但要明確的區分開來也不容易，即使在美國也一樣，參議院所代表的是整體國民嗎？還是代表合眾國這個國家？就算兩者皆是，也只是現代民主制度裡的眾多模糊性之一。

16 議員為什麼需要津貼？

議員的物質津貼，是公共辯論中關於代議民主制常年火熱的議題。每一次議會決定提高津貼，就會掀起火線交鋒的評論，對「自助精神」和「過度供應」兩派意見都有所保留。議員的津貼在固定成為月薪之前，是以某種出勤費或補助費的形式出現。十九世紀，每年在議會短短幾週的會期中，尤其是會議並不連續舉行，往往只舉行一次或幾次而已。在此期間，代表們無法從事他們的日常職務，損失正常收入，對這些損失應該有所補償、提供津貼。津貼 *Diäten*，這個詞與食物供應無關，它來自拉丁語的 *dies*（天），就是以前人說的「每日零用金」。

在二十世紀德國威瑪共和時期，市政與地方邦的政策仍然可以推行，但不是國家政策。帝國議會和一九四九年之後德國聯邦眾議院的議員，成為職業政治人。除了稍長的暑假之外，議會幾乎每週開會。在全體會議之外，各個委員會的工作愈來愈廣泛也愈來愈耗時，因此，一般而言議員必須放棄他之前的職業全力投入，一週超過四十四小時致力於議員的職務。

即便如此，還是很困難。這依然不是一份正式的薪水，因為議員只是人民的代表，而不是國家僱員或是公務員。從實務來說，至少到下次選舉前他們都是職業政治人，但卻不具行政職業生涯的意義。這也是為什麼議會要自行解決自身供養問題的理由。最初議會強調獨立自主，發展到今天卻產生許多影響，比如缺乏管制機制和透明性。

而就算是高額津貼也存在類似的狀況。自二〇一五年一月一日起德國聯邦眾議院，議員每個月的津貼是九千零八十二歐元；此外，在柏林和選區辦公室的員工還額外享有免稅的補貼待遇。因此，聯邦議員毫無疑問地屬於國內最高收入群，至少對專業技術人士或護理師而言，這樣的薪水只能是夢想。這應該保證了獨立性，表現了民主的價值，並且在實務上，議員作為一種職業也吸引了學者和自由業者的投入，但是持續至今，以正常職業薪資作為支付的替代方案，卻導致待遇不平等。

為什麼有這麼多的議員還要透過副業賺外快？這也與議員職業的灰色屬性有關，就像律師經常在他們的律師事務所辦公，或是自營業者在週末盤點自己公司的帳簿一樣，這職業甚至不受固定工時所規範。形式上並沒有錯，但是公眾仍然意識到一種衝突：當所投入的時間如此之巨大，以至於危及正常的代議工作，讓代議工作變成了副業（雖然僅僅只在特殊情況下才會發生）。通常，政治人物的額外服務並不特別耗時，一次性的演講可以得到四位數或更多的演講費。而後出現反對意見：這樣高額的演講費難道不是拜作為議員或部長的特殊地位之所賜？人民代表的優勢可以如此私心自用嗎？

與此同時，對議員收入的批評急劇增加，要求加以控制，以及有披露的義務。但若有爭議，議員的自由和獨立依然是最高原則。

17 比例選舉制比多數決選舉制更民主嗎？

德國的聯邦眾議院選舉有兩票，我們每四年重新解釋一次何以有兩票：第一票是投給選區候選人，第二票是投給政黨名單，這一票也決定了各政黨在議會裡的實力。在地方邦議會選舉中通常也有類似的結合：一方面在選區中選出個別人選，另一方面投出政黨名單，但兩者都只有單獨的一票。為什麼有這樣的合併設計？德國人難道不能為選舉制度設計出另一種系統嗎？正因為這種設計使每一票對議會的組成產生等值（或非常接近）的影響，也因為投給了選區落選者的選票並沒有失去效力，比例選舉制是否就因此更加民主？

議會主義和民主制以多數決來決定，說得更確切點，所謂多數決就是候選人若想要在議會中代表該地區以及他的選民，必須在其參選的投票區，也就是在一個地區獲得多數選票。直到十九世紀，其他的選舉方式幾乎是不可想像。因為人的生活範圍和思考界域並不寬闊，即便是「國家」，其通訊和交通的方式也極為有限。認識和自己出身於同樣環境的人並投以信任，是非常重要的；具有全國性政見和作為全國競選機器的政黨，在當時尚未出現。這情形儘管已有所改變，但這制度的另一個基本觀念直到今天還存在許多地方，這想法就是：議會是不同省分或個別單一邦在國家的一種代表。因此，英國的下議院選舉中：無論是誰只要贏得相對多數的選票就可贏得席位（意即，選票多於每一個其他的競爭者），這種形式稱之為「領先者當選」。

比例選舉制是十九世紀晚期才出現的一種發明，第一次世界大戰之後在歐洲大陸被廣泛地使用。而威瑪共和自一九一九年一月十九日國民議會選舉以來，也使用這種選舉制度。我們說「比例代表制」，是用來說明議會中的代表盡可能地與（全國的）總投票數成比例，也就是說：獲得百分之二十的選票就占議會席位百分之二十。在地方上，某些傳統起不了太大作用的地區，更接近這種系統。此外，比例代表制在二十世紀七〇年代取得勝利的原因之一，正在於比例代表制以各種變體和混合形式一舉超越了多數表決制。

同一時間，德國比起聯邦共和初期更加強調比例代表制。年輕世代對多數決制已經感到陌生。與過去不同，忽視少數選票在現在幾乎是被視為不民主。聯邦憲法法院的判決不僅反映了這種轉變，同時還以重點加以強調。因此，民主制裡票票等值的觀念默默地改變一切；舊平等主義中的「一人一票」原則，同時也適用於議會裡的投票效果，每一票必須是相等的（在十九世紀幾乎不會有任何人想到這種原則！），但是，即使在歐洲仍然存在顯著的差異。二〇一一年五月英國在全民公投中以百分之六十八比百分之三十二，壓倒性多數拒絕廢除傳統的多數決制度。

選舉制度的良莠和其所代表的民主品質無法客觀檢測，更不用說設計得像數學般精確。人民、代表、平等和多數決規則，種種不同的觀點在各自的偏好中表現出來。以長遠的歷史觀點來看，是有著一個從多數決制轉向比例代表制的發展方向，這傾向在德國例子上顯而易見。但是，比例代表制和政黨名單選舉（Listenwahl）[26]也有其缺點；它忽略選區當地的基本議題、人物和競選活動，並且在選舉中有利於政黨的黨工進入議會，有時候這也造成許多人抱怨政治人物與選民的距離愈來愈遠。

26 名單選舉，指名單比例代表制（List Proportional Representation），是比例代表制的一種投票制度。政黨在選前提出候選人名單，以政黨得票率依名單上順序分配議會席次。選民投票對象是政黨，並非直接圈選候選人，優點是得票率低的小黨也可獲得席次，缺點是容易造成議會小黨林立。臺灣選舉的不分區名單制，取法自德國的這種名單選舉制。

18 競選活動是不必要地浪費嗎？

你一定常聽到：競選活動變得枯燥乏味、內容空洞，候選人只會戲劇性的爭吵，整個競選只不過是一場空洞的秀。甚至，這一切都還是來自納稅人的錢！是否可以放棄競選活動？遠離一切以選舉文化之名的政治選舉泥沼？

事實上，就候選人和政黨公開競爭的意義而言，民主選舉在古代就已經很熱烈。在十八和十九世紀，從選舉前一直到投票的當下，選舉往往是一個公開的場子，在其中施展各式各樣的技巧和戰術，為求勝而努力。無論是美國、英國還是德國，透過鄉村酒吧以大量的酒精或其他日常小福利行賄，都是常態並非例外。而自從引入祕密投票，這種至今仍被信任的投票形式，選舉實務才發生了決定性的變化。大約從一九〇〇年開始，由官方印製帶有候選人和政黨名字的選票提供給投票所，可以保障選民在投票所圈選選票，並且不被偷窺。在此之前，鄰居或雇主可以越過投票人的肩膀看到圈選結果。到了二十世紀，選舉的奇觀和興奮之情平息下來，但是選舉鬥士還是自行發展出傳播媒介的新技術。運輸手段和大眾媒體促成了現代政治宣傳的崛起，以及它們在選舉動員上的運用。不僅僅只是政見，而是連政治家的外表等等，都在微妙地傳遞訊息。最傳奇的例子，是前美國總統尼克森 (Richard Nixon, 1913-1994)。他在一九六〇年總統競選活動中的一場電視辯論直播上，不幸以滿臉鬍碴的暗影迎上坐在對面，刮得乾淨且打光明亮的約翰・甘迺迪（John F. Kennedy, 1917-1963）。

半個多世紀以來，令人驚訝的是競選活動的基本形式變化並不大。電視辯論一如往昔仍然被視為選戰的特別亮點，同時也讓候選人害怕，但其實並不受歡迎。在德國公共電視上的選舉廣告，以及路燈柱上的宣傳看板，兩者都是爭取選民的基本招數。儘管選民抱怨海報平淡無奇，電視節目無聊，但德國人在競選活動中很難使用網際網路和社交媒體。投票的決定和政治的信仰在他們認知理解中屬於「私人的」事務，因此也就排除了更個人化和更積極的競選活動。在美國，無論你是民主黨人還是共和黨選民都喜歡在前院放置一個標誌，或者以汽車貼紙向鄰居和同事傳遞信號，而在德國，政治傾向和選舉偏好幾乎是屬於親密的私領域。

那麼，競選活動的成本是多少？就二〇〇九年德國聯邦眾議院的競選活動來說，各政黨總共花費大約六千萬歐元。其中絕大部分可以透過選舉補助款公開核銷，在德國這種選舉補助款是政黨經費來源的一部分。至於是否要引進另一種允許私人捐助和政治獻金制度，就像在美國所實行的選戰模式，三不五時就會引起爭論。但私人捐助通常會招致更大的懷疑，因為這可能會造成選舉人和政黨的不獨立，以及權力的不均衡。大部分的歐洲國家都採用國家補助制度的各種變通方式。選舉的實際開銷，包含選票的印刷、通知書的寄送、投票所的設置，每次花費的金額都差不多，粗略估計，以超過六千萬合格選民來算，每一位選民所花費的成本不到兩歐元。

競選活動應該言之有物，但畢竟不是大學研討會。它仍然是一場秀，不僅關乎且提高了政治關注。競選活動是在公共舞臺上搬演一齣民主大戲——就算使用背景道具和氣球又有何不可？

19 如果民意調查已經知道結果，那還需要去投票嗎？

在電視或其他大眾媒體上，愈接近投票日，「週日問卷」（Sonntagsfrage）[27]就愈無所不在：假如下一個星期天就是選舉日，結果會如何？從百分比到彩色圖表，在在都呈現出一種強大的魔力，而且定期提示這種問卷調查方式的統計誤差範圍，以便提高科學依據的印象。貼近字面來看，民意調查就是查訪人民的意思，事實上，這是民主的一部分，同時也是社會科學經驗研究及其幾十年來對研究方法不斷精進的一部分。以最後選舉結果來衡量，預測是否因此變得更加精確呢？其實並不完全清楚，因為總是會有很大的偏差。研究機構喜歡在最後一分鐘根據選民變遷和投票決定，才對調查偏差提出解釋。

喬治・蓋洛普（George Gallup, 1901-1984）一九三五年在美國首創民意調查，民意測驗專家在第二次世界大戰後得到突破性的進展。在德國，伊莉莎白・諾艾爾－諾依曼（Elisabeth

Noelle-Neumann, 1916-2010）創立「阿倫斯巴赫民意調查研究所」（Instituts für Demoskopie Allensbach）。而一九七〇年代設立的選舉研究小組，至今仍然為德國電視二臺（ZDF）的節目《政治晴雨表》（Politbarometer）提供一些奠立在扎實社會學基礎上的預測。近來公共電視節目，除「週日問卷」之外，還有政治意向、最受歡迎之政治人物的熱門名單，以及德國公共廣播聯盟（ARD）製作的節目《德國趨勢》，這些節目提供每個月的調查報告，對形成公共意見具有重要的意義。

問卷調查是否反映了現實？或者不過是創造了一個現實的表象？民意調查和投票行為是否不再涇渭分明？例如大選一年之後，宣稱政府「已經失去了它的多數支持者」，這種說法是很有問題的。在選舉之夜，投票站一關閉，下午六點準時公布的出口民調（來自投票後的出口調查）和許多基於初期計票的推算結果幾乎無法分辨。民意調查也可能影響到政治觀點的形成以及選舉的結果，例如它會刺激西瓜偎大邊的效應。

27「週日問卷」，是從一九四九年開始，固定進行的一項選舉意向調查。調查以同樣的問題起頭：「若下個星期天就是聯邦眾議會的選舉，你會投給哪一個黨？」定期蒐集選民意見，有條件的用於預測選舉結果。這項長期調查在對德國和奧地利民意和選舉的研究中，已成為實證調查的標準工具，它能夠反映趨勢，顯示歷史變遷，被視為是當前投票傾向調查研究的指標性代表。

但是，民意調查也是民主的成果之一。隨時公布各個政黨的評比，是形成公眾輿論的一個重要部分，並且使得政治更加透明。它讓政治人物面臨持續的合法性壓力，以至於人們再次批判地說：「政治人物的眼中只有民調數字，而不是致力於長期的、甚至可能不受歡迎的目標。」但特別的是，考慮到傾聽民意的期望愈來愈高，在不同選舉季之間若缺少了民調這個控制機制，已不可想像。此外，對數字和彩色圖表的迷戀證明：對絕大部分的選民來說，民主就像運動，永遠都是一場充滿刺激的遊戲。無論如何，不感興趣的話，選舉就完全會是另一種樣子。

順帶一句，你當然必須去投票！那種張力是出自於選戰最終無法計算估量的真實情況。一個投票的決定，與一種預期仍然完全不一樣。而且民意調查一再地顯示，它也會出錯。

20 投票率下降會危及民主嗎？

德意志聯邦共和國的投票率正在下降，不僅顯示在聯邦眾議院的選舉上，而且差不多從四十年前就開始。一九七二年的提前選舉是投票選舉的一個高峰，超過百分之九十的選民走到了投票箱前，這場選舉經常被解釋為是對當時極具爭議性的東部條約（Ostverträge）[28]的一場公民投票，以及對西德總理——社民黨主席威利．布蘭特個人的信任表決。在那之

---

28 一九六九年西德總理威利．布蘭特上臺後推行外交東向政策（Ostpolitik），與當時的東德、蘇聯和東歐共產國家進行各種和平協商，東部條約是這一連串外交協議的結果。條約在國際法原則下簽訂，涉及戰後邊境確認、通訊旅遊等不同議題，並承諾相互放棄武力，其中包含一九七〇年《莫斯科條約》（Moskauer Vertrag）、一九七二《柏林四強協議》（Viermächteabkommen）及一九七三年的《布拉格條約》（Prager Vertrag），影響所及是一九七三年九月東西兩德同時成為聯合國會員國。布蘭特的東向政策不僅扭轉了二戰後西德政府唯美國是瞻的外交路線，改變了美蘇冷戰對峙下的西歐政治格局，同時也被視為是對六八學運的回應，並且在一九七一年為他贏得了諾貝爾和平獎。但是，他的東向政策在當時引起極大的社會爭議和政治震盪。作者在此指的一九七二年聯邦議會提前選舉，就是對這涉及國家認同的外交轉向進行一次民意檢驗，結果布蘭特所領導的社會民主黨贏得大選。

後，投票率就降低了。隨著統一，投票率下降趨勢更快，因為新加入的東部地方邦投票率低於西邊各邦。二〇一三年九月二十二日聯邦眾議會的選舉只有百分之七十一．五的投票率，而在邦議會、地方議會，以及歐洲議會的投票率更低，經常低於百分之五十。關於這個顯而易見且不可阻擋的下滑趨勢有很多的討論，許多理由被提出來，例如，自從一九七〇年代以來的社會變遷，解消了政治與社會之間的穩固紐帶，甚至是社群關係，就像以前工人在勞工選區投票時選擇社民黨（SPD），天主教徒在彌撒之後選擇基民黨（CDU），但當然也不是全部的人都如此投票。以前走到投票箱的動力多半出於對國家的義務感，現在有一定程度的鬆懈，認為投不投票不會對國家造成太大的傷害。危險的是，當特定社會階層的選民投票率持續下降，導致出來的社會分歧將會威脅到民主，而造成這現象的原因，舉例而言可能是教育系統和就業市場的機會匱乏。

但這並不能解釋一切。雖然美國和英國的貧富差距的情形比德國更為尖銳，但選民投票率卻顯示出不同的路徑。二〇〇一年參與英國下議院選舉的投票人數低於百分之六十，此後又再度提升。而美國總統大選，自從跨過一九九六年的低點，已經出現了顯著的上升趨勢，因此德國投票率的下滑，並不是一種自然律。與此同時，來自大西洋對岸的觀點表明，在那裡選民投票率高低的問題，並不如在這裡的公共討論中所呈現的那麼重要，相反地，他們更在意的是少數族裔和移民是否登記為選民。

選舉除了法定義務之外，還有別的選項嗎？這問題只有小國寡民的民主國家可以肯定的回答。在比利時，這種義務只存在形式；在義大利沒有人去計算會不會受到懲罰。無論如何，這些國家的選民投票率往往更高。在前共產主義東歐的新民主國家中，沒有一個國家引入強制選舉，因為強制性的投票是二十世紀屬於獨裁統治的政治操作，靠著高投票率和百分之九十九的結果，企圖證明領袖和人民的利益一致。確切地說，這正是反對強制投票的重要理據：民主制度是讓男女公民都可以自由地參與政治。這就是為什麼選民拒投黨（Partei der Nichtwähler）[29]的說法具有誤導性，伴隨著投票率的下降，他們很容易形成最大的群體。拒投族有各自截然不同的棄權原因，但絕不是所有人都是非政治性的。

當全國選舉僅有少數人去投票，就削弱了民主。儘管有不投票的自由，但是以另一種最廣義的、所謂道德上的意義且正確地來說，選舉投票是公民義務。

---

29 選民拒投黨，一九九八年由基民黨前黨員維爾納．彼得斯（Werner Peters）在科隆創立，主訴求在要求全民投票，並且以全民投票的形式建立更直接的民主。黨務一度凍結，二〇一二年重新設立，但依然無法獲得足夠選票進入國會，二〇一六年再度解散。

III 民主有其歷史

21 古代的民主到今天還很重要嗎？

兩千五百年前的地中海東部，是一個與我們現在完全不同的世界。自十八世紀以來，在那裡逐漸發展出技術、工業、民族國家、個人主義，以及民主政治，成為我們熟知的世界。即便如此，我們依然會不斷回望古典時代的希臘城邦，並且在學校裡學習西元前五世紀雅典憲政的基本原則。這座位於伯羅奔尼撒希臘半島邊緣的城市是真有其特殊性，還是說雅典民主只是文化市民階級的一種神話呢？又或者只是一則傳說，幫助西方為其政治秩序模式提供歷史論證？就像斯巴達等其他的希臘城邦一樣，雅典並不是孤立地發展，它甚至也不是歐洲原生種，而是承接了北非和西亞其他文化的影響。即使西元前四百年左右，在雅典民主制最極端的階段，二十萬居民中也僅有大約三萬名男性具有完全的公民身分，可以在人民議會和「五百人委員會」裡決定政治命運。無論如何，許多歐洲國家直到十九世紀才能追趕上雅典當時的公民比例！

即使有諸多限制，雅典民主仍然是獨一無二的。我們根據史料得知，當時在希臘或其他高等文化（Hochkultur）中，都沒有類似的政治形式。雅典人自由的政治秩序歷經幾代人緩慢地發展出來，只是相對較晚被稱之為民主，因此宣稱他們「發明」了民主，並沒有錯。古代史學者克里斯蒂安．邁耶（Christian Meier, 1929-）甚至將索倫改革[30]（Solon, ca. 638-558 BC）以來的發展，稱之為「世界歷史上的革命」。此一革命新而異乎尋常之處，是一種沒有王權的政治統治，甚至連貴族也從政治社會中的領導地位逐漸式微。創新之處還有依法統治的約束力，這並不是我們今天層出不窮推出法條之意，而是一種對個人有成文法予以拘束的義務與責任，沒

30 索倫為古代雅典七賢者之一，也是著名詩人。索倫因當時嚴重的小農債務危機而被任命為雅典公民的協調者。他藉著一系列的政治改革，避免了雅典的內戰；他廢除小農因還不出債務而淪為奴隸的債役制，以年收入而非財產確立共同體的公民身分，設立四百人會議擴大公民的政治參與，以書寫下來的法律規範取代傳統的口頭約束，並且建立起普遍訴訟制度保障弱者和未成年人。他認為，不是命運或是神聖的力量替暴政／僭主奠定基礎，而是出於對現實扭曲的理解，以及只關心個人利益的公民。相較於索倫同時代的其他人，有關他的史料記載相對豐富，史學之父希羅多德稱他為雅典的立法者，亞里斯多德描寫了他在雅典的憲政改革，古希臘羅馬傳記學者普魯塔克記錄了他的生平和聖人形象，而現代學者則透過他留下的詩作，研究他的政治思想。

有人可以隨便輕忽。即使是將外來者（Metöken）[31]和窮人排除在外，只有男性才可能成為公民，但就對公民身分而言，仍然貫徹了一種史無前例激進的平等理念（isonomia）[32]；重大的決議出自人民大會，直到今天這依舊是直接民主的典範。除此之外，同樣重要的是自從克里斯提尼[33]（Kleisthenes von Athen, ca. 570 BC）改革以來，為了特別考慮到雅典的核心城區、農業腹地和沿海地區的差異，逐漸產生了一個人民代表和決策機構的多層架構。

所有這一切的背後，是一個共同體的概念，是相對於私人場域、家庭和職業生涯之外，生活中的另一種特殊政治場域。與此同時，民主也逐漸輻射到藝術和戲劇領域，延伸到雅典公民整體生活中，這造成了一種張力十足的場域。很弔詭的，幾乎直到二十世紀才又重新出現相同的狀況：民主具有非常特殊的政治性，它構築了一種人際關係的特別領域，卻又不侷限於此領域，反而滲透到生活的每一個層面。

大約兩百五十年之後，西元前四世紀雅典民主開始衰落。但在它的西北方，羅馬共和國對自由公民的身分發展出新的理解。雅典民主並沒有直接延續到現代，但是從十八世紀開始，藉由同一個「民主」的概念詞，再次用來表達人民統治和政治參與的新形式，以及市民自由與法律的關係，並非是巧合或是疏失。

---

31 Metöke（μέτοικος métoikos），是指古典希臘，特別是在雅典城內長居的外來者。這些外來者通常來自希臘其他的城邦國，沒有公民權，不能參與政治，卻必須支付特別稅以換取城市保護。他們在法庭上或合法交易中，必須由一名公民作為代表出席，而且不被允許在雅典城置產，卻和公民一樣必須服兵役，若要取得正式公民權必須因特殊貢獻經由公民大會同意。

32 isonomia，這個字在古典希臘用來指法律之前所有公民的政治權利一律平等，本是為防止暴君和貴族的統治，進而成為希臘民主制的基礎，但不同於現代民主制，它沒有分權設計，並且排除奴隸、婦女和外來者。在啟蒙運動時，isonomia 這個概念重新被提出，並且賦予新的現代意義。

33 克里斯提尼重劃新的行政區（Demos），建立新的行政官僚系統，破除傳統貴族世家擁地自重互相爭奪的混亂，並將索倫設立的四百人會議增為五百人會議，擴大公民參政；而亞里斯多德也特別記載了克里斯提尼設立陶片放逐法（Das Scherbengericht）防制僭主的事蹟。克里斯提尼一系列的政治改革，被歷史學者視為是建立雅典民主制度的里程碑。

22 為什麼中世紀沒有民主？

反過來問好了：為什麼中世紀需要民主？幾千年來在書寫文化和高等文化中，民主並非政治秩序的常態。儘管如此，這個問題仍然經常被提出，用來解釋何以在雅典民主結束和羅馬共和國垮臺之後直到一八〇〇年左右，需要經過這麼長的時間，民主才再度被列入考慮並具有建構國家的能力。但是，將中世紀視為沉睡階段的想法，卻是個錯誤的理解。就算現代民主不時以古為據，就像我們至今在巴黎和華盛頓的建築中還看到古代建築元素一樣，但是現代民主絕大部分仍是全新的創造，而非舊事物的復甦。對此，我們大可舉出許多理由：自西羅馬帝國（476 n.Chr.）滅亡以來，中世紀的社會結構其組成方式，並不是現代意義下的國家，而是透過王室和貴族所支撐的個人統治聯盟。儘管中世紀社會提供了部分人民一定的自由和特權，但卻被納入了特定的依賴關係網絡，這個網絡稱之為封建主義。對權力的主張、所有權的關係、法律的秩序，以及日常生活的運作，都在這網絡中緊密地交織在一起。在其中關於平等、普遍自由，或是具有自治能力的人民等等，這些理念都不可能出現。

中世紀晚期接收了亞里斯多德的理論，同時也包含了他的民主概念，古代憲法學的理念重新冒出頭。但是在這些理念之下，人們對民主只想像出了一種暴民統治的糟糕形式。這種對「民主」的負面意義，持續發酵到十九世紀。一個自由的市民國家被康德形容成「共和」（見第四問），而當時的自由城也是如此理解自己。自中世紀晚期以來，在這些自由城中少數的完全公民或一小撮統治菁英，也就是古羅馬傳承下來的貴族家庭，以自行負責的方式接管了政治上的領導位置。在義大利，有些城邦共和國，特別像是佛羅倫斯或是威尼斯，有時會擴張成一個強大的國家。

自文藝復興和宗教改革以來，從西元一五〇〇年左右開始，這時代稱之為「早期近代」（Frühe Neuzeit）。同樣地，不要被誤導了，並沒有一條從達文西（Leonardo da Vinci, 1452-1519）到馬丁・路德（Martin Luther, 1483-1546）貫穿至現代的直線發展，而是不同的種子在各地發芽，我們至今仍將這些種子視為民主的基礎：對「個人」更高的評價、對傳統權威的批判，以及統治必須超越統治者個人的任意性，進而與法律秩序結合起來的觀念。自十七世紀以來，作為歐洲運動的啟蒙思想先是宣揚科學與理性的運用，其後傳播自由公民的集結以及深具批判力的公共領域。而在這社會的周圍依舊保持在農村、農業經濟、前工業化的狀態，甚至仍然與傳統緊密結合，但是在法國大革命以前，這種社會與中世紀的距離已顯著的加大。

23 英格蘭是民主之母嗎？

也許必須說得更精準一點：讓大不列顛群島跟不上的是現代民主的發展，而非希臘古典的民主時代；另一方面，英格蘭的民主根源可以追溯到中世紀，也就是一二一五年的《大憲章》，這份文獻以限制王權來保障自由臣民的權利，而這些自由臣民在當時還是以貴族為主。十七世紀議會傾向反抗查爾斯一世（Charles I., 1600-1649）的絕對王權時，不列顛人再度成為先驅，不但在一六四九年處決了查爾斯一世，並且在號稱「領主保護者」克倫威爾（Oliver Cromwell, 1599-1658）的領導下，成立了一個短命的共和國，從這些衝突中再度產生了新的理念和著作。迄今為止這些理念和著作對現代民主仍然非常重要，特別是霍布斯（Thomas Hobbes, 1588-1679）和洛克的契約論。十八世紀議會開始崛起，最重要的是下議院（相對於上議院〔House of Lords〕，下議院代表的是共同人民〔Commons〕）。因此「民主之母」的稱譽，並不是來自單一的改革創新或是一個特殊的歷史源起，而是諸多線索交織而成的。當英格蘭被指為民主的典範，就意謂著她的政治發展有著非比尋常的延續性，尤其是自一六八八年光榮革命以降的發展。

「民主之母」的稱號就影響的意義來說，應會有許多取法於不列顛模式的「孩子」，但是在英格蘭並非如此。對大英帝國的殖民地而言，不列顛模式最常出現的狀況可從兩方面來看：首先，透過帝國的武力輸出不列顛群島的政治組織。其次，就像一七七〇年的北美或是二十世紀的印度，人們反對大英帝國的統治，卻又經常以英國為典範或為理想原型。在歐洲大陸人們儘管隔著海峽觀察英倫，並閱讀洛克或約翰・史都華・彌爾（John Stuart Mill, 1806-1873）的著作，但是民主實踐和制度發展卻主要來自於自己的根源，比如在瑞士或法國的發展，就不是取法於英國。對德國來說，在十九世紀受法國的影響最大，而在二十世紀時的影響則是來自美國。

正因歷史的延續性，使得大不列顛帝國在它自己內部進行民主化格外困難；選舉權，早年只賦予男子的選舉權也算在內，是一種審查式的選舉權利，長期以來因為財產和收入門檻的限制，擴大選舉權只能以很小的改革步伐進行。直到一九二八年，才發展到無論財產多寡，所有的男人和女人都被允許參加下議院選舉。提早行動的人，不必然是第一個達成目標的人。

24 美國革命有多民主？

哪一場革命？在德國歷史教科書經常提到北美殖民地對抗大英帝國的「獨立戰爭」，實際上，十三個大陸殖民州在一七七六年七月四日宣布獨立於母國：大英帝國。但宣布之後的狀態究竟是如何？他們想另立一位美利堅王取代英國國王嗎？正是在這點上與革命相關：完全嶄新的社會和政治秩序的理念應運而生，殖民地蛻化成自由、共和之國。從此刻開始，直到一七八七年通過聯邦憲法開始生效之前（至今仍然適用），他們還花了十多年的時間經歷戰爭和政治辯論，而喬治·華盛頓則在一七八九年四月成為「美利堅合眾國」的第一任總統。

但美利堅合眾國就此成為民主國家了嗎？在當時，對許多革命者來說使用民主這個概念詞很困難，因為這個概念含有暴民統治和混亂的內涵。共和、自由、平等，還有民族和人民等這些詞彙，決定了政治語言。一七八七年的憲法開宗明義始於「我們人民」。但是，婦女直到第一次世界大戰後仍被排除在外；而且奴隸持續存在南方各州。許多獨立革命的英雄可以面對那些被迫流離失所、飽受絕對監禁和勞動剝削的非洲人，內心裡毫無違和之感，可以與自己所倡議的自由平等的世界觀，融合成一致。這當中也包括維吉尼亞州的奴隸主湯瑪斯．傑佛遜，他是以「人人生而平等」（All men are created equal）為起頭，寫下獨立宣言的主要作者；而且作為美洲大陸原住民的印第安納各民族，並沒有出現在這自由民主的藍圖中。

即便如此，關於美國革命與民主之間的密切關係，很多都還是正確的。當時美國所挑釁的和激進主義所反對的，不僅是英國人，同時也反對自己土地上的主人：富商和大地主。甚至那時候已經提出了婦女和非洲裔美國人的權利問題。以前對政治不感興趣的人，在那時候要求參與，主張基本權利，走向投票箱。在建構新的共和組織和程序時，當時的人極具創造力，甚至出乎意料之外的激進。一七七六年賓夕法尼亞州的第一部憲法，特別明確地針對手工匠人和普通人表達出基進的平等思想。選舉應每年舉行、公職輪換、議會大門應始終開放。

聯邦憲法在各州進行投票表決。贊成的和反對的互相纏鬥，進行到最偏遠的地區，直到今天他們所力陳的理據，對現代民主理論而言依然非常重要。最著名的《聯邦論》（*Federalist Papers*），是由亞歷山大・漢密爾頓（Alexander Hamilton）、詹姆斯・麥迪遜（James Madison）、約翰・傑伊（John Jay）三人在紐約為報紙所寫的一系列文章的合輯，其中包含了那些特別強烈且具挑戰性的爭論：到底什麼是代表制？少數人的權利如何獲得保障？最後但並非不重要的是：共和、自由和民主如何在一定的範圍和結構中運作？難道只能連結到君權體制，參照至今為止僅有的帝國經驗？最後，一個強大中央政府的主張貫徹始終，擊敗了對手，但處於劣勢、反對強大中央政府的人，將他們對基本權所憂慮的問題以《權利法案》（United States Bill of Rights）的方式增補修正了憲法。正因如此，民主在很多方面都還不算完整，但是絕不會倒退回君主制，不會再有拿破崙。華盛頓的下一任總統，湯瑪斯・傑佛遜繼續往前推動白種男人的平等革命。

25 法國大革命是現代民主之始嗎？

歷史學者早就將民主發軔時期的法國大革命及其激情，一一拆解成各個細節。這些歷史學者穿透現實，以清晰的陳述呈現出，在法王路易十六絕對王權統治之下的金融危機，以及傳統上君主、貴族與神職人員之間再度激化的階級衝突。這些陳述取代了過去所謂人民渴望自由、啟蒙精神崇高理想的歷史解釋。一七八九年七月十四日攻占巴士底監獄的日子，到今天仍然是法國人的國定假日，在當時充其量只是一個小插曲而已，現在卻還原成一個神話。「第三階級」不僅包含一般公民，也包括許多貴族，甚至是教會人士，就如天主教神父西哀士（Abbé Sieyès, Emmanuel Joseph Sieyès, 1748-1836）一七八九年一月在宣傳小冊子上寫下的：「什麼是第三階級？所有一切。到目前為止它究竟是什麼？什麼也不是。它究竟要求什麼？某種存在。」這段話迴響至今。但是，在地方省分的人和在巴黎的菁英們所要求的往往不同，尤其是工匠團體在無產階級運動中表現出小人物的激進主義。一七九三年革命滑向恐怖的斷頭臺，陷入了困境，最後以軍事政變告終。一八〇四年拿破崙加冕為皇帝，波旁王朝復辟，延續至一八一四年。

但是，請務必小心，不要見樹不見林。法國大革命在許多方面仍然標示著一種突破，沒有這個突破，歐洲的民主之路將難以想像。在一七八九年那場被稱之為「八月四日之夜」之前，封建社會秩序從未在國民議會中遭受如此激進的質疑。社會階層的差異不再適用，所有法國人皆為公民，人人平等，甚至國王在一七九三年死於斷頭臺之上，也僅是公民路易・卡佩（Louis Capet）。自由和平等，選舉和議會，基本權利和共和，這一切雖然是美國革命稍早之前所要求的及其所實踐的，但是在歐洲，這一切卻是始於法國大革命，走得更為激進，因此它的全球性影響力持續不衰，例如在二十世紀反殖民的解放運動中所見。而法國大革命的影響，早在一七八九年就已超過三級會議和巴士底監獄，它改變了人心，轉而朝向自由和平等，改變了日常生活的行為模式，要求政治上的自覺和參與。它開啟了一個理念：傳統不必然適用於一切。直到今天，這理念仍然是民主的基礎，世界是動態而充滿活力的，並且是可以任由人所形塑，甚至是眾所周知的年表也可以被革命日曆再次翻新。

但是，這場革命也越過了界限，因其釋放出某種激進民主的現代性格，而導出了可能的危害：以自由和民主之名的行事可以多麼的冷酷無情？正是這種張力，讓法國大革命直到今天仍然對民主具有重大的意義；一方面它並未走得夠遠，對於實踐自由與平等的承諾並未兌現。另一方面它又走得太遠，權充為警告信號：不能只靠意識形態固持己見，以不寬容和暴力的手段去達到民主的目標。

26 民主總是從革命中崛起嗎？

民主崛起最普遍的一幅畫面就是：被壓迫的人民起身，走上街頭、闖進皇宮，國王死在斷頭臺上，獨裁者被趕下臺，從此建立起一個正義的秩序，人人在其中得以發言——革命乃為民主之母。沒有任何歷史事件比一七八九年的法國大革命，更能塑造出這種俗套，而實際上的一切往往是不同的，甚至更加複雜；反過來說，套路卻也含有一定的事實成分，就以下要談的情況而言，甚至飽含極大的真實性。

當然，並非所有的民主國家都繫於自己國內的一場革命。民主經常是漸進的，透過許許多多的一小步不斷經歷著改革的過渡階段，在其中君主放棄了權力，議會得到了強化，人民的選舉權得以擴張，但最終未必一定要拋棄國王。回顧很多歐洲民主式君主政體都可以看到這樣的歷史，像在斯堪地那維亞、荷蘭，部分的大英帝國。而有些獨裁政權本身曾經就是菁英階層的一部分，並且受到支持，但最終賠上了自己的信譽。此外，抗爭和社會運動不必然導致全面性的革命，透過談判也可能過渡到民主，一九七〇年代在獨裁者佛朗哥去世之後的西班牙，就是一個例子。在此之後，間隔了將近二十年，南非也以談判克服了種族隔離制度。而透過血腥暴力的戰爭催生出民主的例子也並不罕見，特別是在二十世紀。一九四五年之後，德意志聯邦共和國和日本，都是先經過徹底的失敗和對敵人的屈服，才有可能開啟民主的新紀元。

民主源起於革命的例子很多，而且都格外重要，因為它們發展出具有全球性、持續性，以及迄今仍然可感受到的歷史效應，尤其是美國和法國的革命。從這兩場巨大的革命到一八四八年歐洲的革命浪潮，短短不到一百年的時間被稱之為「民主革命的年代」。這聽起來有些激情，但是不可以理解成當時的行動者已經獲得了現代意義下的完全民主；反過來說，在革命之後那種基於傳統及神權統治的正當性幾乎是完全被摧毀，以至於出自一般人民所要求的平等權及政治參與也無須再列入討論議程，所以對這時期貼上民主標籤也並非是錯的。

二十世紀隨之而來的是幻滅，特別是俄羅斯一九一七年的革命。這原是一場市民階級結合了自由主義的憲政運動，卻在布爾什維克黨十月政變中變成烏托邦式的激進主義。議會被強行驅散，脆弱不穩定的自由權利被追繳回收，最後在史達林的統治下產生了現代史上最殘酷的獨裁政權和最不自由的社會。而一九七九年，伊朗也經歷了一場完全不同於前例的革命：伊斯蘭神權統治的激進支持者在什葉派宗教領袖何梅尼（Ruhollah Musawi Chomeini 或 Khomeini, 1902-1989）的領導下，推翻了由西方所支持的沙哈政權（Schah-Regime）。

十年後在東歐共產國家發生的革命，反證了一種普遍性的假設：在現代化、工業化及官僚化的條件下，要克服獨裁政權僅能透過緩慢的改革，並且依賴政權自願進行民主化才得以成功。但一八四八年歐洲自由民主之春的人民情緒，在一九八九年間再度爆發，從萊比錫、東柏林，直通到波羅地海地區，延燒到但澤，穿過布拉格到達保加利亞的索菲亞城。以一八四八年和一九八九年的革命經驗為鑑，自二〇一一年起，新的期望集中在「阿拉伯之春」，它既未遵循一九七九年伊朗革命的藍圖，也沒有依照一九八九年歐洲的革命路徑，結果未定。革命和民主之間的關係，總是不斷地重新盤整。

27 林肯如何定義民主？

一八六三年十一月十九日，美國總統亞伯拉罕・林肯（Abraham Lincoln, 1809-1865）參加一個軍人公墓的揭幕典禮，這公墓座落在美國內戰中最為血腥的戰場，賓夕法尼亞州的葛底斯堡市。就在這裡，北方聯軍在春天的時候打敗了南方各州的同盟軍。至此，天秤開始傾向反對南方的分裂主張，以及反奴隸制；而奴隸制卻涉及南方各州的生活，乃至他們的菸草、棉花和稻米種植等經濟活動的根基。林肯從一八六一年就開始領導戰爭，企圖將美利堅合眾國打造成一個整體，一種聯盟，完全地連繫在一起；但是他憎惡奴隸制，並且認為它與美國自由和平等的建國理想並不相容。

他的簡短演說，仍然是有史以來最著名的政治演說之一，因為它簡潔優雅，因為它對殞落的受難者有著深情的召喚，也因為它包含了一個對民主具說服力且令人難忘的定義，但林肯在全文中，並沒有用上民主這個概念詞。首先，他憶起一七七六年的獨立宣言，宣言裡承諾了人人生而平等。他提醒，戰場上的士兵絕對不會白白犧牲，他要求，美國的國族將獲得「自由的新生」。「這個民有、民治、民享的政府，絕不會從世上消亡。」政府應從人民而來、由人民所選出、為人民服務。正因如此，這位至今為止最被尊敬的美國總統從未從地球上消失。你必須仔細地閱讀他精煉的修辭，一切都取決於三個小小的字，三個介系詞 of、by、for。

「民主」是人民的政府，因為人民是統治最初的源起也是最終的理由，不是出於君主政體的王朝原則，更不是出於神的恩賜。但是，人民必須把政治之事掌握在自己的手中，沒有一個自封的國王、領袖或者智者可以宣稱他是以人民之名統治，這不是太蠢就是太無能。最後，民主的政府必須為人民服務，以多數人民的福祉為要，並且兼顧少數群體的需求。這三者合而為一，缺一不可。假如有一個威權政府足以提供人民大量的物質，並且宣稱能帶來最大的幸福，但依然離民主還很遙遠。

在這場演講一年半之後，一八六五年四月十五日，林肯在華盛頓的劇院被一名刺客槍殺。而內戰結束，奴隸制也隨之終結，但南方各州的四百萬非裔美國人以及他們後代，還要為他們的公民權和投票權至少再經歷一百年的抗爭。林肯演講的影響持續至今，他對民主的三個定義幾乎逐字地出現在一九五八年的法國憲法中，其後的美國總統歐巴馬（Barack Obama）也援引為例。

28 勞工運動對民主有什麼貢獻？

工匠團體和勞工從十八世紀後期以來就一直參與抗議，置身於革命運動。在十八世紀末的美國和法國，以及一八四八年德意志地區發生的資產階級菁英（bürgerlichen Eliten）[34]革命中，他們問：我們獲得了什麼？您所謂的自由和平等是什麼？這些從團體、政黨和工會中凝聚出來的勞工運動，屬於民主政治的激進陣營，強調那三個源自於法國大革命的關鍵字，尤其是平等與博愛，或者是團結。他們大力倡導共和體制，拒絕以資產階級－自由主義式的方式向君主政體妥協。他們的目標是建立公平的勞動和生活條件、社會安全的保障，以及透過普選的政治參與所達成的社會民主。大約一九〇〇年左右在德國興起的社會民主勞工運動跨越兩端：它擁護自由主義－資產階級之民主制度的傳統目標，但這目標對許多市民來說卻太不穩定；另一方面，它企圖在物質和實際生活之自由的前提下，將資產階級的民主制度朝向社會安全、社會權利延伸。當威瑪共和末期，以資產階級為主的市民社會傾向透過獨裁專制的方式解決危機，而共產黨又將自己推向史達林主義的共和陣營成為民主的敵人時，只有社會民主黨幾乎是唯一還高舉著民主大旗的政治力量，一直堅持到一九三三年的三月二十三日拒絕希特勒的《授權法案》（Ermächtigungsgesetz）。

與此同時，從一八七〇年代起的勞工運動，特別是因馬克思主義所引起的潮流，擴大了民主的界限，並且嘗試將自由社會和人民自治保持在正軌上。作為激進的民主人士，卡爾・馬克思（Karl Max, 1818-1883）本人在一八四八年的三月革命、一八四八年革命時期中，不但書寫、鼓動，還組織團體參與革命，但是他也毫不掩飾地蔑視資產階級民主政治的規則和機制，譬如議會和基本權利等。對羅莎・盧森堡（Rosa Luxemburg, 1871-1919）以及俄羅斯革命

34 Bürger（形容詞為 bürgerlich）在德文有三重意思：一、公民，二、市民，三、資產階級，隨著論述脈絡不同而有不同的指涉。這字基本上是指某種行政單位的成員，有相對的權利和義務，若敘述脈絡為國家是指公民，若指羅馬或歐洲中世紀的城市或是某種共同體，則是指市民、公社成員。啟蒙運動之後，這字在政治論述上又被賦予更多意義，比如黑格爾在他的《法哲學原理》將英文 civil society 譯為德文 bürgerliche Gesellschaft（中文譯為市民社會或資產階社會），是介於家庭和國家之間，人類社會的發展一個階段。而卡爾・馬克思藉由法語的 société bourgeoise，將德文「市民社會」這個概念詞指向社會裡的經濟關係，特別是掌握生產工具「富有的市民」；中文譯為「資產階級社會」。譯者依作者在這一章的講述勞工運動的脈絡將 bürgerlich 譯為資產階級。

的領袖列寧而言，社會革命和無產階級專政是一樣的，它自身即為目的。在史達林主義，也就是蘇維埃共產主義中，一部分的馬克思主義的勞工運動永遠地偏離了民主。

勞工運動在美國從來沒有贏得重大的影響力，更不用提在華盛頓地區的掌權者；但若是沒有了勞工運動，則很難理解歐洲的民主。沒有了勞工運動，社會很大的部分將被排除在政治參與之外，而社會國的福利保障制度，不管是在英國或是在斯堪地那維亞半島，都得歸功於那些來自社會民主政黨的壓力和他們在執政時期的施政。

29 為什麼婦女為了她們的政治參與奮鬥這麼久？

民主、公民權利、社會上的權力位置，這些為什麼不從一開始就讓兩性一起享有？卻將民主限於男性，延續了一個由男性主宰和支配的古老模式，這模式在限制選舉權和參選權的兩方面表現得尤其明顯。到了十九世紀的市民階級社會，甚至有些分殊變得更加嚴格，譬如男性的理性與女性的感性，男性的公共領域與女性的家庭私密空間。男性日益增強的政治平等有時卻導致更加明顯地排斥女性。另一方面，這種新的民主與革命的理念對平權及婦女運動具有強大的驅動力。英國的瑪麗·沃斯通克拉夫特（Mary Wollstonecraft, 1759-1797）在一七九二年法國大革命期間出版了《為婦女權利辯護》（*A Vindication of the Rights of Woman: with Strictures on Political and Moral Subjects*）[35]。她在啟蒙意義下進行論證：

35 一七九二年瑪麗·沃斯通克拉夫特發表的《為婦女權利辯護》，為歐洲第一批女性主義的哲學性著作。

女性和男性一樣天賦理性並擁有同等的權利。在德國，作家路易絲．奧托．彼得斯（Louise Otto-Peters, 1819-1895）[36]在一八四八／四九年的革命期間嘗試透過她的《婦女報》（*Frauen Zeitung*）為女性公民爭取自由的領域。

自此之後，婦女運動從公民和社會民主運動中逐漸開枝發芽，在一九〇〇年前後達到暫時性的高峰。男性普選制愈理所當然，婦女爭取投票權的抗爭就愈顯得重要。甚至一些具有影響力的男性，例如自由主義哲學家約翰．史都華．彌爾也為此而奔走，但絕大多數的情況下，婦女必須為自己的權利而奮鬥。在英格蘭，婦女參政運動者（Suffragetten）——也可譯為「爭取婦女投票權者」（Stimmrechtlerinnen），以街頭抗議的方式提出這項要求，尤其是在第一次世界大戰之前她們有時會採取非常激進的手段。因為紐西蘭從一八九三年開始，婦女就被允許走向投票箱，德國、英國和美國以及其他許多國家，在一九一八到一九二〇年間接踵其後，在一次大戰之後不久就開放婦女投票；法國則直到一九四四年才允許婦女投票，瑞士甚至遲至一九七一年。

婦女贏得投票權，以及獲得國家公民身分其他的平等地位，對「婦女與民主」這一章來說卻還是未完成的篇章。一九七〇年左右「新婦女運動」（neue Frauenbewegung）開始推動生活各個領域中的自決與平等的實踐。就如迄今為止幾乎是純男性的政治領域中，僅存在少數「樣板婦女」（Alibifrauen）[37]所顯示，要求平等的政治參與，仍然是步履蹣跚。但是，人們對民主的理解愈廣泛，就愈能涵蓋在議會和政府之外的平等權利，尤其是私人生活方式的自主權。對「性別民主」（Geschlechterdemokratie）的要求一直持續著，與此同時也進一步推動女權主義的民主構想，這些構想被理解為對自由民主最激進的批判。從她們的觀點來看，自由主義式的民主在結構上依然屬於父權體制。這論點存在著爭議，但毫無疑問，婦女運動不僅為婦女達成某些成果，並擴大了民主的概念和實踐能力，惠及所有的人。

36 路易絲・奧托・彼得斯（匿名為 Otto Stern）是一位具強烈社會批判力的作家、勞工運動支持者。一八四〇年她在一份報紙投書中呼籲：「婦女參與討論攸關國家利益的議題不僅是一項權利，而且是一種義務」。二十多年後，一八六五年她和其他婦女一起成立萊比錫女子教育協會，以及德國第一個婦女協會，而為德國婦女運動的奠基者。

37 Alibifrauen 意指，婦女在具有職業身分地位時，才足以證明實踐了機會平等，但成功職業婦女的例子，並不代表達到普遍意義上的機會平等。

30 愈來愈民主，愈來愈好——一個進步的歷史？

民主，聽起來不僅只是政府體制、官方機構和操作程序的規劃，而且常常帶有承諾和期望。過去兩個半世紀，在民主這個詞上刻畫了一段歷史，其中包含了對自決的希望以及爭取自由的奮鬥，在階級社會和君主制之下克服了傳統的反撲力量，在與二十世紀新興獨裁統治敵人的衝突中贏得了最後的勝利，就這樣一點一滴達成自由的政治秩序和一個美好生活的目標。民主：一個進步的歷史！這種觀點迄今之所以如此持續有效，是因為民主運動本身就是在自由主義進步思想的時代中發展起來的。對進步思想來說，在科學和技術的勝利之外，最大的投射是落在民主運動之上。對民主的期望和對進步的期待幾乎成了不可分割的關聯，在德國這兩者的連結特別緊密，因為許多挫折標示了這條路，最糟的就是威瑪共和的失敗和納粹政權的統治。因此一九四五年之後的民主，不僅被視為不可質疑的進步，善戰勝了惡，同時也被視為一種聖杯，必須占有它，以便從中汲取永恆的生命力。

一九九〇年代末，德國人找到了聖杯，當時深信不已，卻只維持了一段短暫的時期。但是，為什麼在確保自由和統一之後，關於民主的爭論仍然持續不斷？如今，在德國以及大多數成熟的民主國家，對民主永久危機的清醒警示已經取代了對進步強烈的期望。與其說民主的最終降臨並不存在，不如說民主經歷一次又一次蛻變，它接受不同的組合狀態。因此，西德聯邦究竟何時真正進入民主？一九四九年的基本法？還是一九六八年的覺醒？或者更晚？又或者直到今天都尚未達到民主？這個有時引起激烈爭執的問題逐漸失去了它的尖銳性，一九五〇年代和一九六〇年代的不同，並不在於民主程度多寡，而是人們的期望改變了。綠色「草根民主」（Basisdemokratie），或是基於網路而起的流動式民主（liquid democracy）[38]，

38 流動式民主，也有稱為「委任式民主」，是介於代議民主和直接民主之間的一種形式。流動式的民主和代議民主不同的是，選民可以針對不同議題委任不同代表進行投票，並且可以在一定條件下隨時撤銷委任。關於流動式民主的源起並不清楚，目前文獻多半是出於經驗論述，最具代表性的論述是洛桑瑞士聯邦理工教授布萊恩·福特（Bryan Ford）的論文〈代議民主〉（Delegative Democracy, 2002），原文可參考：https://bford.info/deleg/deleg.pdf。

兩者標準並不適用於康拉德・艾德諾（Konrad Adenauer, 1876-1967）[39]的執政期（一九四九至一九六三年）。借社會學家尼古拉斯・盧曼（Niklas Luhmann, 1927-1998）的話來講，一切變得更好的同時也會變得更糟。民主的歷史以及在其中所承諾的，就像是薛西弗斯的勞動（Sisyphusarbeit），是否徒勞而無意義，或者如卡繆（Albert Camus, 1913-1960）之語，我們必須將薛西弗斯視為一位幸福的人？[40]答案是開放的。

39 康拉德・艾德諾，西德聯邦政府成立後的第一任總理，以其強悍的籌劃能力，致力於重建戰後的西德社會。他在外交上採取向西政策，與法國修好，緩解百年敵對的競爭關係，並且宣布西德政府為戰後德國唯一代表，斷絕一切與東德政府建交國的關係（除蘇聯外）。在他斡旋下成立歐洲煤鋼共同體，為現今歐盟的前身，替西德打下一九五〇年代經濟奇蹟。

40 一九四二年，法國作家卡繆發表了有關存在主義哲學重要的論文〈薛西弗斯神話〉（Le mythe de Sisyphe. Essai sur l'Absurde），論文最後兩句話：「與高峰鬥爭可以填滿人心。我們必須把薛西弗斯想像成一個快樂的人。」他的新詮釋建立起現代存在主義的基礎觀點，薛西弗斯反覆推石上山的懲罰不再是徒勞，而是現代人生存狀況的寓言。

IV 權利與自由

31 人權、公民權和基本權利，是一樣的東西嗎？

無論如何，這三者關係密切互相影響。一個歷史性的交匯點在十八世紀晚期，一七七六年六月，就在美國獨立革命之前，維吉尼亞議會通過一項基本權利宣言，這項《維吉尼亞權利宣言》（Virginia Declaration of Rights）是首部現代法案，同時也具有現實政治上的意義。這份法案承繼了英美傳統，焦點集中在權利，單一個人的權利，這是每個人與生俱來所該擁有的權利，獨立於國家政體之外，更無關於個人民族的屬性與國家的歸屬。在個人歸屬於特定的國家制度之前，即為平等且自由，擁有私人財產、身體不受侵害，以及言論自由等權利。這種權利先於政治或說先於國家的理解，與今日人權概念非常相近。一九四八年十二月聯合國通過《世界人權宣言》（Universal Declaration of Human Rights），至今仍是全球最重要的一份個人基本權利文件。有鑑於二次大戰與納粹獨裁專制的歷史背景，這份文件所訴求的權利，超越了各國的法秩序（Rechtsordnung）和慣例。它是一個訊息，告訴世人，就算是無國籍的流亡者，或者是在憲法裡沒有或漠視基本人權的獨裁政權之下討生活的人民，仍然不能剝奪他們一定的權利和自由，特別是生命、自由和人身安全的權利（《世界人權宣言》第三條）。

在《維吉尼亞權利宣言》中，並未區分先於政治的自然權利及身為特定國家公民所享有的權利。法國大革命時，人們已經意識到權利雙重性的問題。因此一七八九年八月二十六日，國民議會（Assemblée nationale）頒布了《人權和公民權宣言》（*Déclaration des Droits de l'Homme et du Citoyen*），但這兩者的界線仍然模糊不清。一個自由人就等於是公民（*citoyen*），享有國家公民的政治權利，對應的是具體的群體組織，這裡所指涉的就是法國。此外，從天賦自由（natürliche Freiheit）的想法裡，不可能產生出異於民主的政府體制。但在十九世紀的德國，儘管自由主義者也呼籲保障基本權利，但自然權利（Naturrecht）與革命的想法卻扮演著次要角色。權利並非與生俱來，而是必須寫下來的東西。這種想法充分顯現在德文「基本權」（Grundrechte）這個詞彙裡。一八四八年十二月，國民議會在法蘭克福市的保羅教堂通過《德意志人民的基本權》（Grundrechte des deutschen Volkes），便是抱持這樣的想法。在威瑪憲法的《德國人民的基本權利與義務》，更加強調國家公民這一面向。在歷經納粹統治後，德國在一九四九年所訂定的基本法，便是以《基本權》（第一至十九條）做為新憲法的開端。儘管名稱仍然沿用「基本權」這個詞彙，但結合了普世人權，例如生命及身體不受侵害權，以及身為國家公民的德國人，也就是德國國民——所享有的特定權利。

32 人人生而自由平等嗎？

就歷史的角度來看，這真是一個很難回答的問題。所有東方及地中海地區的高等文化（Hochkultur）[41]除了發展出文字、城市及定居文化（Sesshaftigkeit）之外，也發展出政治支配（politische Herrschaft），其統治的形式通常是王權，社會並不平等，且多半蓄奴。當人類倚賴狩獵採集為生時，分工及職業發展相當原始，政治組織因此鬆散且相對平等。當時人類為了基本維生必須終日奮鬥，生活內容貧乏，實在不符合今日對自由的想像。儘管如此，離群索居及無政府運動思潮，仍是試圖追求類似的原始狀態。不過，這個問題本來就不是針對歷

41 高等文化，Hochkultur，這個德文詞彙在十九世紀下半葉進化論流行的背景下出現，當時認為文化表現形式是從簡單走向複雜，不斷朝著更高文明形式演化，這種文化進化論觀點在二十世紀後期遭到強烈批判，認為是帶著偏見的用語，因此通常被諸如複雜社會、城市社會、文明或古國之類的其他術語所取代。在當代德國史學界使用這個詞彙較無早期帶著優劣評價之意，但仍然屬於敏感用字。

史事實，而是在於一種投射，一個虛構的想法，這想法在十七、十八世紀政治思想裡扮演了非常重要的角色，至今仍有共鳴。

首先，假設人類的存在不受任何支配、不屬於任何國家的自然狀態，接著問：如何產生政治支配？如果統治與被統治的狀態並非永恆不變，無法單純視為自然而然或是天賜（Gottgegeben），那麼統治的正當性又從何而來？英國內戰時，湯瑪斯·霍布斯（Thomas Hobbes, 1588-1679）所推論出的答案頗為灰暗，在他一六五一出版的《利維坦》（*Leviathan*）裡，認為人並非生而為善，彼此互相爭鬥才是原始狀態，直到強而有力的國家權威介入，人類才可能實現和平共存。幾十年後，約翰·洛克所提出的政治理論奠基在一個較為樂觀的人性論上。他認為，人在自然狀態下是自由的，並且享有一樣的權利，但為了抵禦災禍及敵人，人們設立政府，在雙方同意下訂下約定，就是一份契約。因此，只有在被統治者同意下，統治才有可能。洛克這個想法及「不可剝奪的權利」（unveräußerlichen Rechte）的概念，被湯瑪斯·傑佛遜援用在一七七六年頒布的美國獨立宣言裡。大約在同時，盧梭將自然狀態及契約論的想法也發展到了極致。一七六二年，他發表有關社會契約論的書，第一句話如今看來仍是振聾發聵：「人生而自由，卻處處皆枷鎖。」因此，人們必須團結起來，將各人相互牴觸的利益提升為全體意志，從而為所有人創造最佳利益，並使得人人獲得自由。

在美國獨立革命及法國大革命之後，出現了其他支配形式及民主理論，取代了社會契約論。但從自然權利的想法推演出來的原始、與生俱來且不可剝奪的自由及尊嚴，仍然深深影響今日的人權議題。另一方面，馬克思也引用了毫無支配關係的原始社會（Urgesellschaft）概念，並將其定義為共產主義發展史的終極目標。而當德國基本法序言寫道：「德意志人民依其制憲權力制定本基本法」時，反映了這種虛構契約的想法：國家秩序乃是奠立在雙方同意的基礎上。

33 國籍既有排他性又帶有民族主義色彩嗎？

在當今全球移民潮或難民湧入歐盟的種種衝突中，國籍的想法常常顯得跟不上時代。在日益泯除了邊界、逐漸實現了世界主義之時，將人的歸屬綁定在某個特定國家裡，並拒絕他者的進入，難道不是民族主義掛帥，而且一點都不民主嗎？實際上，國籍也的確不是民主的發明或是特色，而是歐洲自近代早期（Frühe Neuzeit）起，官僚國家構成之時（bürokratische Staatsbildung）的一塊基石。這種國家致力於擴張領土，劃分邊界，並且在邊界所定義的領土之內掌控所有的臣民。國家有權，允許或拒絕個人的居留權以及某些特權——舉例而言，就像今日可以獲得特定的社會福利一樣。從前某些城市甚至擁有權力在城門盤查陌生人的身分，只有擁有市民權的人才能享有社會資源分配，或者參與政治。

長期以來，德國一直堅守所謂的「血統主義」（*ius sanguinis*），也就是國籍的專屬性：

父母是德國人，孩子就是德國人。聽起來很合理，但在納粹時期卻有利於以「種族」及血統為基礎的排他行為。而對已成為移民社會的聯邦德國而言，血統主義也愈來愈不合適。特別是在這社會裡移民不再只是「外勞」而已，而是其兒孫輩的新家鄉，他們卻沒有德國國籍，也沒有完整的公民權利。因此，德國在二〇〇〇年頒布新國籍法，引進「出生地主義」（ius soli）。出生地原則在美法等西方國家早就通行已久：在其國境內出生，便自動擁有該國護照，可能還可以額外持有父母的國籍。

在德國對新國籍法激烈的爭論中顯示出，國籍不只是排他及控制而已，也牽涉社會的整合與權利的賦予。官僚國家（bürokratisch-staatlich）式的國籍，最重要的意義在於國家公民權，確保國籍擁有者具備不可侵犯的權利，特別是完整的參政權，也就是主動以及被動的選舉權。參政權不再按社會階層（Stände）或資產階級（Vermögensklassen）劃分，而是所有人（先是男人，接著也納入女人）一律享有，這是一個革命性的理念。因此，國籍與自由及平等息息相關，特別是當建構民主的理由不再從集體人民的角度，而是從個人權利出發（參見第十二問），國籍也就成為民主的定錨。基於對納粹主義的回應，德國基本法第十六條規定：德國人民之國籍不得剝奪之，並且（若依法律而喪失）德國人民不得因此而成為無國籍之人[42]。國家在排除他人的同時，也保護、甚至建構出個人權利。

42 德國基本法第十六條是對國籍的相關規範。第一項除了不可剝奪德國人民的國籍之外，還進一步規定，「國籍之喪失必須根據法律，如係違反當事人之意願時，並以其不因此而變為無國籍者為限。」這是一個對當事人額外的保護措施。

34 自由或平等，哪個更重要？

這個問題常出現在德國的民意調查問卷裡，結果也常被提出來辯論：自由對德國人是否不是那麼重要，或者東西德地區人民的差異——東邊追求平等，西邊熱愛自由——是否已消失。不過，自由或平等哪個更重要，是一個錯誤的提問（在德國之外，這問題也並不常見），因為，這兩種價值在民主制度中根本密不可分。古典希臘時期所通行政治權利的平等（isonomia）原則，可理解成平等的法秩序，舉例而言，在公民集會的場合裡，每一位政治公民都是平等的，這裡所指的並不是平等的經濟地位，而是相對於奴隸而言，公民是自由的，而且原本就享有自由。法國大革命的口號自由（*liberté*）與平等（*égalité*）是連貫一氣的，美國獨立宣言則是本著人人生而平等的精神出發，首先要求的是生命、自由和追求幸福的權利。直到今天美國人仍然對於從個人自由出發追求幸福所導致出來的社會不平等，比歐洲人更能夠坦然接受。

無論個人的偏好，自由是現代民主的支柱。二十世紀以來的民主與解放運動也是高舉捍衛自由的大旗，至今不變，就連勞工運動也是將自由放在第一位。西德聯邦前總理威利．布蘭特曾以《左派與自由》（*Links und frei*）為題，回顧自己在納粹時期的經歷，在一九八七年卸任德國社民黨黨主席時坦言，對他來說，除了和平，自由比起任何其他價值都來得重要，「絕無任何例外」，當然更重要是在於「多數人享有自由，而不是少數人的自由」。社民黨在帝國時期對抗專制國家及社會排除（Ausgrenzung）時所揭櫫的自由，就如同一九八九年東歐各地反抗獨裁政府所高舉的自由，也是今日網路霸權爭議中所提及的自由。由此可知，自由的首要地位不容置疑，所以問兩著孰輕孰重是一個錯誤的提問。

不過，究竟是什麼樣的自由？是什麼樣的平等？這裡的平等與經濟地位的平等，也就是收入及財富多半無關（左派社會主義傳統例外）。但純粹的法律之前人人平等（德國基本法第三條第一項），或者自然法擬制出來的生而平等（created equal）已不符合今日對公平民主社會的想像。所謂平等的目標應該是機會平等，這目標不應只停留在紙上，而是要落實在生活中，例如在教育體系中切實貫徹。或者，也有人認為應該是參與的正義

（Teilhabegerechtigkeit/participatory justice）與包容，因為有參與的機會而不是被排除在外，比起絕對實質的平等要來得重要。

德國法學者克里斯托夫．莫勒斯（Christoph Möllers, 1969-）[43]提出「平等的自由」（gleiche Freiheit）一詞，簡潔表達出這兩個價值在民主制度下的關係：自由是主詞，平等則是它的屬性——倒過來「自由的平等」（freie Gleichheit）顯然無法成立，如果沒有這類更進一步的界定，自由不可能單獨存在。至於什麼樣的平等，以及有多平等，而自由的界線在哪裡，都必須不斷重新協商談判，並沒有所謂的「黃金比例」。

43 克里斯托夫．莫勒斯，德國公法學者，自二〇〇九年起接任《為你朗讀》作者徐林克（Bernhard Schlink）柏林洪堡大學公法及法哲學教授的教職。他是德國聯邦政府處理數據保存議題時，在憲法法庭的法定代表人，同時也是二〇一六年公布的《歐盟數據基本權利憲章》（Charta der Digitalen Grundrechte der Europäischen Union）起草人之一。

35 最重要的基本權到底是什麼？

「但願從此不必再為對抗腐敗或殘暴的政權而捍衛『新聞自由』了。」這句話並非出現在二次大戰後的聯邦德國成立時期，而是早了將近百年，在一八五八、五九年左右，出自英國自由主義者約翰．史都華．彌爾。民主制度中最重要的基本權利是什麼，或許可以永無休止地爭論；沒有了生命、安全，以及人身不受侵害的權利，其他一切都將無意義。但是，開明專制或威權政體一樣可以對人民開出這樣的保證。對憲法來說，以及就一個自由的政治社會而言，言論自由就像阿基米德的支點，藉由這個支點得以確立其他所有的權利。生理基本需求滿足後，腦袋就需要自由。很長一段時間，德國哲學與文化比較在意心靈層次，而非實際生活。因此，在席勒（Friedrich Schiller, 1759-1805）劇作《唐．卡洛斯》（*Don Karlos*）裡人們的要求是：「陛下，請賜予思想自由。」而〈思想是自由的〉這首歌，更是從一八四八年三月革命前期開始，歷經納粹統治直到當今的抗議活動，在在給予希望並撫慰人心。只是，自由的思想也要能自由的表達，具體而言，就是言論自由的實踐。在英美民主傳統裡，言論自由具有極為特殊的地位，不管是在議會、倫敦海德公園的演說者之角（Speakers' Corner），或是特別強調自由演說（free speech）的美國民權運動，以及一九六四年發生在柏克萊校園內的學運。

從言論自由及表達意見的自由，又發展出新聞的自由，最初只適用於印刷媒體，如今則包含所有媒體形式。在德國基本法第五條裡，言論自由與新聞自由也是密不可分。人們不僅享有捍衛自己觀點的自由，並且還有上街宣揚，與其他志同道合者共同實踐的自由。因此，這就又衍生出集會自由，特別是集會遊行及結社的權利，也就是組成社團、政黨以及各式團體的權利。這些權利就是一九八〇年代東歐的自由運動（Freiheitsbewegungen）反覆爭取的，例如波蘭獨立自治工會「團結工聯」（Solidarność），以及一九八九年東德的「新論壇」（Neues Forum）。

重要的是，自由表達意見的權利同時也指出一項事實：並不是人人意見一致。因此，言論自由首先必須視其為異議權，特別是反對政府的異議權。第二，必須在社會的內部中承認意見的多樣性，而意見的多樣性引導出民主的核心理念，如反對立場、多元主義。從異議與多元的角度來看，言論自由的歷史發展都與宗教自由密不可分，特別是宗教改革後對信仰多元化的認可。被英國國教視為異議人士的英國清教徒，遠至北美尋找自由。在德國若沒有宗教分裂，就難以理解寬容的理念，而寬容早就深植於基督教與猶太教之間的關係。到了二十一世紀初，宗教自由、言論及思想自由的意義，在世界許多地方再度成為議題。另一方面，網際網路的發達，也使言論及表達的自由再度成為熱門話題。也因此，約翰．史都華．彌爾的名言至今仍然發人深省。

36 民主制度裡有哪些社會權利？

社會權利是民主制度中的爭論焦點。在德國民主運動史中，很早就出現要求社會權利的呼聲。例如，一八四七年九月十二日在奧芬堡（Offenburg）發表的「人民的要求」（Forderungen des Volkes）[44]特別提出：「我們要求調和資本與勞動的不平等關係，社會有義務提高並保護勞動價值。」約一百年後，德國基本法第二十條第一項表明：「德意志聯邦共和國為民主、社會之聯邦國家。」這裡儘管將所謂的社會國原則（Sozialstaatsgebot）放在民主核心之中，但在基本法中卻沒有進一步的闡釋。

44 一八四七年九月十二日巴登邦奧芬堡人民集會（Offenburger Versammlung）受美國制憲會議以及早期社會主義思想的影響，以人民自決為主要訴求，會後提出十三項人民要求，包含新聞、宗教、教育、遷徙等基本權利，以及公平稅收等攸關經濟社會的主張，要求制憲以及司法改革。這十三項基本權利的要求透過宣傳小冊子快速傳播，成為一八四八年三月革命民主憲政運動的重要思想來源。

以自由支配私有財產為理想的自由市場模式，並未顧及社會保護權（soziale Schutzrechte）。勞工運動及社會主義的理論讓民主人士意識到，經濟自由對貧窮或勞工階級來說，並沒有帶來任何益處，對他們政治權利的保障也不夠周全。就如社會民主主義所設想的「人民國家」（Volksstaat）必須在現實中保障及促進人民的生活，幫助他們維持基本適當的生計，有房子有工作，賺得遠離貧困的工資，並且能夠參與社會事務。若沒有這些社會運動，社會國民主制這種歐洲的民主形式根本不可能出現。但危險的是，以社會權利來挑撥自由主義－個人主義式的基本權利，就如從前東德政府最喜歡做的：你們西方「只有」自由權利，（據說）大部分的人民無法擁有，而我們卻能滿足人民所有這些基於自由權所主張的社會基本需求。

因此，這兩者不該是魚與熊掌的問題，社會權利必須如一八四七年奧芬堡的要求一樣，建立在基本自由權利之上。英國社會學家湯瑪斯．H．馬歇爾（Thomas H. Marshall, 1893-1981）以此建構出一套歷史進展的模式：從十八世紀的市民權進展到十九世紀的政治權，如普選制，最後在二十世紀增加了社會權利。這種說法極為簡略，也並不是所有地方都如此發展，事實上社會國的民主理念是在第一次大戰後開始流行，直到一九四五年後才真正蓬勃發展。但在西方民主國家之中，對社會福利國文化的理解仍然有極大的差距，不只存在美國與歐洲之間，甚至連在歐盟內對於「社會福利聯盟」（Sozialunion）的模式與實踐，至今仍無法達成共識。從社會國民主制的原則中，並不能推演出某些特定的移轉性支付（Tansferleistungen/transfer payment）[45]。而某些社會福利的基本原則也廣受爭議，例如對基本收入、居住及醫療保險的一般性支持。

45 移轉性支付是指政府針對收入和財富進行重新分配所做的支付，支付例子包含經濟救援、社會福利保障，或對某些企業的補貼，這類支付並不要求任何商品或服務作為回報。

37 法治國與民主有什麼關係？

法治國的概念在德國政治文化中具有相當重要的地位，這是有歷史原因的。依據政治學者恩斯特．弗朗克（Ernst Fraenkel, 1898-1975）[46]所言，納粹主義式的「謀略國」（Maßnahmenstaat），依據政治學者恩斯特．弗朗克（Ernst Fraenkel, 1898-1975）所言，可以但憑個人意志恣意地、不可預測的操弄法律規範，凌駕於其上。基於此種經驗，德國基本法對於民主國家機關「應受法律之拘束」（an Gesetz und Recht）的規範更加明確，就如第二十條第三款所明訂。不過，德國對法治國原則的高度重視可回溯至十九世紀。例如，自由主義國家理論的奠基者羅伯特．馮．墨爾（Robert von Mohl, 1799-1875），他以法治國原則對抗君主及官僚制度的任意性，但墨爾並不是民主主義者。而一八七一年德意志帝國實際上發展成一個沒有民主之法治國的典型範例：具有繁複的成文法典，像是一九〇〇年所制定至今依然適用的《德國民法典》（*Bürgerliches Gesetzbuch, BGB*），以及人民能上行政法院（Verwaltungsgericht）控告國家機關的可能性。這種透過法治實現自由與平等的想法，在法國啟蒙時期也扮演重要的角色，例如在孟德斯鳩（Montesquieu）的《法意》（*De l'esprit des lois*），或是在一七七五年美國革命時，約翰·亞當斯（John Adams）堅信：「共和國的統治是靠法律，不是人。」比起德國的傳統，亞當斯這句話更為明確地表達出法治國與自由地自治兩者的關聯。

審視東德統一社會黨（SED）獨裁政權時，總是不免爭辯，到底東德是不是一個「非法治國」（Unrechtsstaat）[47]。逮捕要求自由選舉的人下獄，射殺跨越邊界的人，這樣的國家能算是法治國嗎？另一方面，東德也有法律秩序，明訂法典與犯罪構成要件，就像「非法出

---

46 謀略國，Maßnahmenstaat 出自德國政治學家恩斯特·弗朗克一九四〇至一九四一年在美國出版的《雙重國家》（*The Dual State/Der Doppelstaat*，德文譯本遲至一九七四年出版），中文有措施國家、特權國家等不同的譯法。作者在書中區分依法律規範行事的法治國，以及以政治目的為導向，採取各種權謀手段因應政務的國家。這本著作是研究德國納粹的經典入門作品。恩斯特·弗朗克出身猶太富裕商家，為逃離納粹而流亡至美國，在戰後曾以美國顧問身分協助南韓重建法律系統，一九五一年應美國要求重返西德，重建德國的法治／法學教育，而被譽為西德聯邦現代政治學之父。

47 此處 Unrechtsstaat，是法治國的對立面，但並非「不法之國」。東德獨裁政府也「依法」行事，但其法律規範卻是依政治目的對應措施。參考前注。

境」（Ungesetzlicher Grenzübertritt），也稱作「叛逃共和罪」（Republikflucht）。只是東德法律不符合市民階級自由主義（bürgerlich-liberales）形式，而是社會主義式的法律。即便是「第三帝國」也制定法律，而且還以人民之名為之，其中最惡質的莫過於一九三五年通過的紐倫堡種族法（die Nürnberger Rassengesetze）。上述例證均在表明：法治國的意義遠遠超乎法律的有效性與實際的適用範圍，也和法律的成立要件與內容沒有必然的關聯。法學專家認為，法治國的法遠超過於「實證」（positives）的法，亦即不止是書寫成法律條文而已，而是一種更高、更具規範性，以人性尊嚴及公義為依歸的法。依此，這也可以是一個更高位階的法律規範（Rechtsnormen），就像「叛逃共和國」罪，完全與遷徙自由背道而馳，而遷徙自由正是由聯合國人權憲章所宣示的基本權利之一。

至少在經歷過二十世紀的獨裁政權後，法治國與民主兩個概念終於漸次靠攏。今日，民主制度不可能不是法治國家，否則這個國家的政權即便來自於人民，卻仍然是蔑視法律秩序、人權以及少數群體。反過來說，一個沒有民主的法治國，就像帝國一樣，也不可能長治久安，因為法律與公義和威權或專制的國家秩序互相牴觸。

38 什麼是多數暴力？

就是當民主多數決定廢除民主制度，或是通過一項公然違反個人自由及基本權的法案。在政府機關只代表多數民意時，身為被剝奪權利的少數，又該到哪裡投訴？這也是法國政治學家亞歷西斯·德·托克維爾（Alexis de Tocqueville, 1805-1859）在其名著《民主在美國》（*De la démocratie en Amérique*）中，所提出的問題。一八三〇年代，平等主義式的「群眾民主」（只限白種男人）在美國有了突破性的發展，托克維爾這位法國貴族在美國之行中，尖銳地指出一個可以追溯到古典政治理論的問題：一個理性的群體，如何保護自己不受毫無節制的群眾，也就是暴民的威脅？托克維爾認為，應該有一個比多數人民意志更高階的原則存在，亦即法與公義（Recht und Gerechtigkeit）。在人民主權（Volkssouveräniät/Popular sovereignty）之上還有一個「人的主權」（sovereignty of the human race），也就是我們今日所謂的人權或人性尊嚴。

同樣重要的，是維護民主國家機制的安定。為了防止多數人的意志快速且過於簡化的貫徹與實踐，也為了讓少數者的意見有機會出頭，維護制度安定的設計必須複雜，並且要有配套措施。這也是權力分立以及層級區分最主要理論依據，就如聯邦制的建構。為了避免總是出現百分之五十二比百分之四十八的險勝，可以要求特別多數決（qualifizierte Mehrheit/special majority），例如修改德國基本法的要求就是採用三分之二多數決。

「多數暴力」（Tyrannei der Mehrheit）這個詞彙提醒我們，民主政治不是只靠多數或人民意志所決定而已。自二十世紀末以來，這問題的情境已經緩解了，而也有人認為，甚至已經扭轉了。原因之一是西方民主已發展出尊重少數的新文化，不僅表現在不同族裔或少數族群的地方自治權，也表現在積極促進社會整合，以及為身心障礙人士創造無障礙環境。透過示威及公民倡議（Initiative）這種新興的參與式民主形式，小團體及少數族群有了較好的表達政治意見的管道。但若是多數人保持議會政治緘默的態度，就可能出現「少數暴力」（Tyrannei der Minderheiten），也就是聲音大的少數人意志強加於沉默的多數人身上。美國總統尼克森（Richard M. Nixon, 1913-1994）在左派示威運動興盛時，特別對「沉默的多數」

（silent majority）喊話。德國民意研究學家伊莉莎白．諾艾爾－諾依曼也對（可能是保守的）多數「沉默的螺旋」（Schweigespirale）[48]提出警告，她擔心這將會造成少數人的意見主導公共輿論。與此同時，德國左右派衝突的問題不再像從前那麼重要，取而代之的是少數利益與群體利益之間的衝突，例如幼稚園附近的居民抗議噪音過大。接下來的問題是：在民主制度中如何貫徹多數人的意志，而不釀成多數暴力？

48 「沉默的螺旋」，是伊莉莎白．諾艾爾－諾依曼在一九七〇年代所提出的一個政治學與傳播學的理論。簡要來說，她認為，是否公開表達自己的意見取決於對意見氛圍的評估。如果個人的觀點被認為與主流意見背道而馳，會阻礙個人表達的意願，並且差異愈大，愈難啟口，而大眾媒體，特別是電視，可以對訊息接受者產生巨大的影響力，形成所謂的多數意見，壓制其他意見的表達。根據這個推論，她主張對傳播的研究轉向至第四權，亦即對媒體影響力的關注。這理論在當時引起極大的爭論，主要的批評來自於缺乏有效的經驗研究，但卻開啟當代對媒體影響／操作的研究路徑。

39 自由主義與民主之間有什麼區別？

自由主義是一種理論，也是主張個人自由及自決的政治社會運動。人人皆不同，用現代的話來說，都應該盡可能地「自我實現」。在主張相互競爭的多元主義裡，不同的利益與想法都可以搬上檯面，這個原則不僅適用於市場模式，也適用於經濟範疇之外。而自由也意味著自制，這不就是民主嗎？

民主不僅僅只是政府形式，同時也是思想理論，以及政治社會運動，它主張統治的權力來自於人民：一個力圖從權威統治中解放出來，由男女平等的公民所組成的人民。平等對於民主派人士來說，遠比對於自由派人士重要，但卻不是絕對地比自由更重要。當這兩股思潮在十九世紀各自形成政黨時，民主派人士比起自由派人士要來得更「左」而且更激進。就國家體制的形式而言，民主派人士傾向廢除君主制，強烈批判政治不平等，特別是以財富多寡為淘汰基準或分級的階級式選舉權。他們很早便關注工業資本主義發展所造成的社會不平等問題，要求國家干預，或者要求累進所得稅制。

到了二十世紀自由主義與民主思想愈來愈相近，不管是在理論或是實踐上，兩者幾乎密不可分。自由主義已經徹底民主化，而自由派人士也早就不再參與以財產區分政治參與程度的辯論。就算民主派人士，特別是來自民主派的左翼分子不盡然認同自由主義的基本理念，但是基本權利、個人自由以及多元主義，對他們來說也早已成為理所當然。在法治社會國裡嵌入議會民主制度，就是這兩股潮流具體的共同點。

所有嘗試將自由主義及民主主義區分開來的企圖，都以失敗告終，失敗不僅是在思想理論上，更多是在歷史現實裡。不論各種左派或右派的論述中都歸結出，民主的實現常常是以犧牲自由主義的原則為代價，這使得人民的基本權、對少數族群的保護，就連議會制度本身以及結社組黨的自由，都不免遭受到壓制。在學術辯論上，或在關於民主的政治理論中，兩者之間的緊張關係仍然持續著，例如馬克思主義中「激進民主」的概念，便是以追求平等及解放所有支配關係的烏托邦精神為基礎所發展出來的。

V 民主在德國

40 在民主的歷史中，是否存在一個德國的「特殊之路」？

一百年前，大家可能會驕傲地指出德國文化的特殊性，說它和「西方國家」有所不同。當時在德國所謂的「西方國家」，指的是鄰國（兼「世仇」）法國、英國和美國。這些國家具有對民主的自我理解與自由的政治文化，同時又是德意志帝國在世界市場上的競爭對手，互相在國際政治版圖上爭奪一席之地，但他們的憲政、他們整個文化被視為膚淺。或許他們具有「文明」（Zivilisation），但是只有德國人才擁有深層哲學意義下的文化（Kultur）！很多教授和受過良好教育的公民在第一次世界大戰開始時，就是如此陳述戰爭：以德國「一九一四年的理念」來對抗西方國家「一七八九年的理念」；這會讓他們自覺高人一等。這種在市民階級和其他菁英之間的特殊意識，讓威瑪共和舉步維艱，並且滋養出對於納粹的支持。

這樣的想法阻撓了民主的發展，而這背後是實實在在的社會結構和權力關係。一八四八年的市民革命失敗了，爭取自由的德意志統一失敗了，取而代之的是二十年後以「鐵與血」的統一，就像帝國首相奧圖・馮・俾斯麥（Otto von Bismarck, 1815-1898）所宣稱的，也就是透過普魯士的戰爭，由上而下的推動規劃，而不是由下往上力爭而來。這種相對落後、由農村貴族所支配的、以保守與軍事力量所形塑出來的普魯士，壓倒了德國西部那種城市取向、更自由以及文明的傳統。雖然大約在一九〇〇年代，德意志帝國在工業、科學和行政效率上，都站在世界頂尖位置，但是並沒有跟上自由和民主的步伐，日益明顯地落後於西方國家。舊聯邦共和的社會學者和歷史學者，例如拉爾夫・達倫多夫（Ralf Dahrendorf, 1929-2009）和漢斯－烏爾里希・韋勒（Hans-Ulrich Wehler, 1931-2014）控訴這種「德意志特殊之路」（deutscher Sonderweg）是一種結構性的民主逆差（Demokratiedefizit），同時也是造成一九三三年一月三十日[49]希特勒成為帝國總理更深層的原因。因此，這兩位學者認為當務之急是填補漏洞，使基本法所規範的國家，特別是人民的心態，達到西方同盟國的標準。

49 一九三三年一月三十日，希特勒向威瑪共和總統興登堡宣誓出任總理，一般也將這一天視為威瑪共和的終結。

而西方民主的藍圖在此期間歷經多次修改，甚至從根本上受到質疑。「那些」西方國家沒有固定的模式，不可以一概而論，他們的民主傳統也並沒有神聖的光環：英格蘭是多麼地保守，他們在擴大選舉權上是多麼地躊躇不前？美國的種族主義是多麼地殘酷，在政治上是多麼地排他？反觀德國，舉例來說大約在一九〇〇年，在勞工運動、在大城市，以及在具有批判性的公眾輿論中，就已經擁有強大的民主力量。但是，如果不了解「德國特殊問題」之所在，未來我們也無法在德國談論民主。不了解德國問題，我們也就不了解幾次重大攸關民主的論戰，看不懂那些討論德國歷史發展的重要著作，如海因里希・奧古斯特・溫克勒（Heinrich August Winkler, 1938-）[50]《通往西方的漫漫長路》（*Der lange Weg nach Westen*）。那麼，一旦德國人處在危機中，將再次迅速而從根本上質疑民主。對民主的質疑早已不是美國人、英國人所糾結的問題，卻仍然根深柢固存在於德國的老傳統中。

50 海因里希・奧古斯特・溫克勒，德國歷史學者。他從研究威瑪時代的工人與工人運動入手，探究納粹和希特勒何以興起，回答德國走向民主的歷程，究竟是不是一條有別於英法「西方模式」的特殊之路；在進行價值判斷之前，他擅長分析歷史結構對行為者的選擇限制。二〇〇〇年他出版兩大巨冊《通往西方的漫漫長路》，以及二〇〇九到二〇一五出版具通史性質的四大冊《西方的歷史》（*Geschichte des Westens*），不僅在學界更在大眾輿論中獲得極大迴響，被視為當代德國歷史的經典作品，獲頒聯邦十字勳章。

41 一八四八年：民主革命或是德國民主的失敗？

衝擊來自於外：一八四八年二月，巴黎再次爆發一場革命，推翻了一八三〇年的七月王朝（Julimonarchie）[51]短短幾天之內火花就蔓延到德國，先越過萊茵河抵達曼海姆（Mannheim）和海德堡（Heidelberg），但三月十八日在柏林已經發生了血腥的街壘巷戰。這場大革命席捲了歐陸大部分區域，中歐德語地區成為一八四八／四九年革命浪潮的中心。

民主應該是什麼樣子，在這場革命中依然懸而未決。雖然有時候這場革命被稱之為「市民階級的民主革命」(bürgerlich-demokratischen Revolution)，但是當時的一般市民、資產階

51 一八三〇年，因法蘭西國王查理十世企圖推動復辟政策，引爆七月革命（Les Trois Glorieuses），革命終結了波旁王朝，由皇室旁枝奧爾良家族的路易－菲力普接任。路易－菲力普的統治從一八三〇到一八四八年，稱為七月王朝。他因自由派的做風被冠以「市民之王」，但卻因選舉權的設限，以及一八三七年的農業和金融危機，導致一八四八年的二月革命，終結了七月王朝，開啟了法蘭西第二共和。

級，以及大多數受過教育在政府部門擔任公職的菁英階級，在那個時候可能並不以民主來標示這場革命，而是稱之為「自由主義」、「制憲派」，甚至是以「民族」作為另一種選項，取代政治上狹隘的單一國。自由派人士擁護基本人權和個人自由，贊成普魯士和奧地利制定憲法，致力於建構一個以自由主義為基礎的德意志民族國家，這也是自一八四八年五月起在法蘭克福保羅教堂（Paulskirche）集會中，多數參與者所通過的方案。在當時被稱之為民主派人士有很多是獨立的學者、律師和記者，但也有小商人和手工業的專業師傅，他們已經感受到初期工業化的壓力。這些人常稱呼自己是「激進派」，也喜歡自稱為「全心全意」（Ganzen），他們以這種諷刺方式和那些半吊子的自由派劃清界線。

但對於民主來說，革命同時還有另一層更廣泛的意義：作為擴大動員群眾階層、作為推動發展憲法和基本人權、作為社會自行組織的重要一步。在第一個階段，也就是一八四八年的春季，連農夫都出來抗議那些既壓迫又依賴他們的地主。一八四八年的革命標示了德國封建社會的終結。這不僅攸關自由主義之民族國家的偉大目標，還關乎於基層人民的政治參與，以及民主出現在基層的正當性。志同道合的人組成政治社團，團抱在一起，而且和三月前期不一樣的是，現在他們不用再偽裝成歌唱俱樂部或是讀書會。現今所談論的公民社會（Zivilgesellschaft，見五十三問），如果要確定它在德國是從哪一年開始，那就只能是一八四八年。

另一方面，如果我們觀察事件的結果和長期的影響，這場民主革命幾乎沒有留下什麼。皇帝的軍隊重新收復維也納之後，民主派領袖和國民會議的議員羅伯特．布魯姆（Robert Blum, 1807-1841），經由簡易審判在一八四八年十一月九日被槍決。普魯士國王腓特烈．威廉四世（Friedrich Wilhelm IV）事後說：「對付民主派人士只能用士兵。」保羅教堂議會向他獻上自由主義的德意志憲政國皇帝的榮耀，他在一八四九年四月輕蔑地拒絕了。很多民主派人士暫時離開德國避風頭，或是像巴登（Baden）的律師暨革命領導人腓特烈．黑克（Friedrich Hecker, 1811-1881）移民美國，永遠地離開。德國聯邦總統古斯塔夫．海涅曼（Gustav Heinemann, 1899-1976）在一九七〇年代初回憶一八四八／四九年的民主與激進主義時，曾經引發眾怒[52]——可以在學生運動及其革命論調高昂的年代如此張揚地褒揚不服從

---

52 一九六八年四月十一日西德學運領導人魯迪．杜契克（Rudi Dutschke, 1940-1979）遇刺，引爆學生上街示威，當時聯邦總理基辛格（Kurt Georg Kiesinger, 1904-1988）譴責學生為好戰的激進左翼極端分子、議會秩序的敵人，要求限制示威權。時任西德聯邦司法部長的古斯塔夫．海涅曼回應基辛格，他將學生示威視為是對民主體制的信任危機。他除了譴責暴力，也指出，基本權利包含表達意見以及改變輿論的抗議權；即使是年輕一代，他們的意願和建議也應該被聽到並予以認真對待。他的言論，也因他的司法部長身分，在當時引起極大的爭議，卻是對在那時候德國社會的世代衝突提出了一個和解的方向。

嗎？且這類不服從的記憶卻經常受到區域性的限制。以羅伯特．布魯姆命名的街道（Robert-Blum-Straße）主要出現在東德城市，因為東德把一八四八年的革命納進了他們的馬克思－列寧歷史詮釋中。而腓特烈．黑克街（Friedrich-Hecker-Straßen），則是出了巴登邦就幾乎看不到。就以上種種而言，可以說一八四八年的革命直到今天算是失敗了。

42 德意志帝國是一個軍國主義的臣民國家（Untertanenstaat）嗎？

一八七一年德法戰爭時建立的德意志帝國，在一九一八年隨著第一次世界大戰的戰敗而滅亡，這已是一百年前的事。帝國剛建立時以及威廉時代（Wilhelminische Epoche）[53]的舊建築和所鋪設的火車鐵軌，至今猶存，但這也是德國民主中一段極具爭議的記憶史。很多人所企盼的德國統一（但不包含奧地利）成功了，卻是以與那個失敗的一八四八年革命相反的規劃而達成，「由上而下」的貴族聯盟取代了「由下而上」的自由民主運動。從一八六四年開始，三場戰爭推動了國家的統一和建立，這種情況下的誕生滋生了軍事崇拜，以及軍事優於平民生活的信念。（非正式的）國慶日不是行憲紀念日，而是色當日（Sedantag），是紀念一八七〇年九月二日對法國的一場決定性戰役。俾斯麥是普魯士的容克（Junker）貴族

53 威廉時代，指一八九〇年到一九一八年德皇威廉二世統治的這段時間。

（意即貴族大地主），他整個人體現了君主專制貴族凌駕於自由的公民階級，以及普魯士農村保守派的主宰地位壓過了西部與南部心懷世界開放的城市地區。德國文學家海因里希・曼（Heinrich Mann）在他的小說《臣僕》（*Der Untertan*，一九一四／一九一八年）中，以迪特芮希・赫斯林（Diederich Heßling）這個角色，一針見血地諷刺了在當時就飽受批評的臣服心態和僵化的階級制度：一個平民，所謂的非政治人物，兩手不停地往上爬，雙腳不停地向下踩。

但是，這樣一個堅決反民主的社會圖像，並不是全部的事實。帝國是一個憲法國——卻不是民主國！徒法不足以自行，就算是憲法也要受到尊重，所有人需要練習遵循法治國規範與議會程序。作為公民還可以援引法律，到行政法院提出控告，伸張自己的權利。出於計算，俾斯麥企圖以廣大的農村選民來確保保守派的主導地位，在帝國眾議院（Reichstag）也就是國民議會，通過了普遍而平等的男性選舉權。在當時全世界幾乎沒有比這個更現代的選舉權。無論如何，一八九四年帝國眾議院遷進了壯麗的新建築，儘管無法以多數決票選首相、決定政府，但它逐漸發展成政治辯論文化的舞臺，以及發展出反對政府的反對黨，它的發言人是雄辯的自由派歐伊根・里希特（Eugen Richter, 1838-1906），處在中心的政治家是路德維希．溫特霍斯特（Ludwig Windthorst, 1812-1891）和德國社民黨主席奧古斯特．貝伯（August Bebel, 1840-1913）。

但是到了二十世紀初期，特別是第一次世界大戰期間，帝國終於陷入死胡同。改革式的發展，像英國走向民主的模式已經變得難以想像。一九一八年的憲法改革來得太晚，與此同時，帝國的民主問題已經不再像上一代那樣困擾著我們。但是，德國的臣僕精神和權威心態，直到今天還經常被提出來討論，總而言之，如果不了解德意志帝國，就幾乎無法了解德國民主的文化以及對民主的自我解讀。它那介於法治國與威權主義、日益自由的社會和不自由的政治之間種種的矛盾，在今天依然可以在其他地方找到。德意志帝國正是一個歷史案例，可供當代借鑑。

43 威瑪共和是一個沒有民主派人士的民主國嗎？

隨著第一次世界大戰的戰敗，和一九一八年十一月的一場革命，建立於一八七一年的德意志帝國走到了盡頭。德皇威廉二世、國王們和大公們都失去了王座。德國從君主制變成德意志共和國，各邦侯國也成了共和制地方邦或「自由國」（Freistaaten），如普魯士和巴伐利亞。儘管有著激烈衝突，以及面臨那些激進左派的威脅——那些左派人士希望建立蘇維埃委員會系統，或是師法一九一七年十月俄羅斯之後再次進行的社會主義革命，但是情勢在不久之後就變得很清楚：這個共和國必須以議會民主制來規劃。因為首都柏林發生動亂，所以議員們撤到較為平靜的威瑪（Weimar）進行制憲協商。成果就是一九一九年八月十四日公布的威瑪帝國憲法（Weimarer Reichsverfassung）[54]。這個地名也因此套用在政治制度和標示出德國歷史上一個短暫的時代：威瑪共和，它只延續到一九三三年一月三十日就終結了。

為何第一個德意志民主制不穩定乃至於失敗，至今學界和大眾輿論仍然持續探究其理由。凡爾賽條約所架構的戰後秩序，以及一九二九年十月二十四日股市崩盤之後開始的世界經濟危機，都有所影響，但並不是主要因素。當時的民主，包含憲法所規定的民主以及透過民主機制所實踐的民主，如帝國眾議院，都沒有得到人民足夠的支持。民主並沒有逐漸地被接受，反而是愈來愈多人背離了民主和放棄了支持民主的政黨。一九一九年一月的制憲國民會議選舉，忠於共和的「威瑪同盟」政黨，也就是德國社民黨、天主教的中央黨，以及自由派偏左的德意志民主黨（Deutsche Demokrratische Partei, DDP），他們一共獲得了超過四分之三的選票。但在一九三〇年九月的帝國眾議院選舉，當納粹黨的得票率躍升到百分之十八時，民主派的得票率卻縮減到百分之四十三出頭。在中產階級以及菁英當中，還有很多人懷念德意志帝國，或是轉成一種新的期待，希望找到一個領袖。如同柏林歷史學家腓特烈·邁乃克（Friedrich Meinecke, 1862-1954）在一九一八年底對自己的剖析，「心懷君主制的人士」

54 Das Reich 在德文中有領域、國家的意思，但長年以來在臺灣習慣譯為「帝國」，無論是德意志「帝國」或希特勒的「第三帝國」都採取此種譯法。另一方面，威瑪共和成立時，舊有德意志帝國的職官和機構名稱，都刻意沿用不做變更（如帝國眾議院 Reichstag）。雖然威瑪共和制定的憲法稱為「帝國憲法」有違和感，但為了翻譯的一致性，依然採用「威瑪帝國憲法」。

和「理性的共和派」，但沒有民主激情。

較早之前，人們看到了威瑪憲法規定中的一些關鍵性弱點：一個由人民直接選舉且過於強勢的總統、緊急命令權，以及很容易解散的帝國眾議院。但在今天，威瑪帝國憲法在很大程度上，被評價為是一部非常好的民主憲法。所以，問題在於缺少支持、缺少民主派人士嗎？這也只有部分正確，因為近期的研究凸顯了一九二〇年代民主理念和民主思想的機會與力量。並不僅僅只是反民主思想而已，就如政治學者庫爾特·松特海姆（Kurt Sontheimer, 1928-2005）一九六二年在其經典著作《威瑪共和的反民主思想》（*Antidemokratisches Denken in der Weimarer Republik*）中，所描述的：第一個德意志民主國之所以失敗，是因其反對者太強，而非缺乏支持者或是支持者太弱。

威瑪的失敗並不是純粹的歷史議題，它超越了德國，是一個民主國家衰亡和毀滅的模式。在聯邦德國的前十年，西德人忙著研究這個問題，完全可以理解為何近乎執著：波昂（Bonn）會不會變成威瑪第二？會不會再次發生像威瑪共和時的民主失敗？所有這些問題得到的一個結論是，民主必須要能夠防禦（對抗）其對手，而不是一直忍耐或錯誤地包容，直到把自己送進屠宰場，也就是所謂的「防禦性民主」（wehrhafte Demokratie）[55]。對此事直到今天仍然抱持著強烈的體認，認為民主不只在於要建立起民主機制和憲法秩序，還要有民主的心態，或許還要求要有民主的激情。

55 聯邦憲法法院將德意志聯邦共和國的政治體系稱為有爭議的防禦性民主，以保護自由民主的基本秩序（die freiheitliche demokratische Grundordnung, fdGO），它不能以法律途徑或以多數票的方式推翻，在反憲法的個人和群體（黨、協會或組織）破壞 fdGO 行動之前，可以採取預防性措施。「防禦性民主」的構想，源自於法學者羅文斯坦（Karl Loewenstein, 1891-1973）「可爭議性的民主」（streitbare Demokratie, militant democracy），以及社會學者 Karl Mannheim（1893-1947）「有計畫的民主」（geplante Demokratie）兩者的理論。

44 但是納粹也都是以人民之名？

在德國從第三帝國開始，「人民」（Volk）這個詞彙就有一種令人不舒服的言外之意，即使它本來應該被視為是一個自由統治和生活秩序的最高權力來源（見第十二問）。柏林的帝國眾議院西側大門從一九一六年起就掛著一幅國家議會的題詞：「獻給德國人民」（dem deutschen Volke）。藝術家漢斯・哈克（Hans Haacke）在二〇〇〇年設立了一個裝置藝術「居民」（Der Bevölkerung），和這個背負歷史包袱的題詞打對臺，因為他認為「德國人民」聽起來很納粹，而且和移民社會的現實不符。但這只是避開了舊難題，卻製造了一個新難題。在民主和議會中的「人民」概念，指的是政治的自主組織與相應的政治責任。而「居民」則是去政治化，純粹人口統計學的數據。細究之下，刻意抹除國家的關聯其實弊大於利。否認猶太裔德國人是德國人，剝奪他們的國家公民權甚至是國籍，這些正是納粹所幹的事。國家公民身分有助於保護和整合：北非的移民也是法國人，奴隸的後代也是美國人，對他們國籍有所爭議的話，他們可以自覺地依此身分證明自己所屬的國家政治群體。

儘管如此，漢斯．哈克說得很對，我們的那種不舒服並不是假的。納粹以民主的方式讓「人民」這個概念空洞化、去政治化，並且重新詮釋為一種「種族的」、所謂血緣－生物學上的關係。他們不用完全重新打造這些東西，因為從十九世紀晚期開始，種族民族學的意識形態和種族主義就已經為此鋪平了道路。在勞工運動中人們也頻頻提及，而且強調「人民」，威瑪共和時期甚至還提出「人民共同體」（Volksgemeinschaft）。德國詩人貝托爾特．布萊希特（Bertolt Brecht, 1898-1965）的名句「人民並非同胞」（Das Volk ist nicht tümlich）[56]，讓這個「人民」過去的傳統與極右派的意識形態劃清界線。在一九五〇年代的政治語言當中，仍然順理成章地使用「德國人民」這個詞彙，但從一九七〇年代開始，逐漸轉變成「聯邦共和

---

56 布萊希特在這句話裡玩了一個人民 *Volkstum* 的文字遊戲，他還有另一句類似但較完整的話：Das Volk will gar nicht tümlich sein。德文字尾 -tum 是中世紀高地德語的餘緒，與權力、尊嚴有關，用來表達一種狀態、本質或行為，帶有集體意味的集合名詞。布萊希特把 Volkstum 這個字拆開來，將字尾 -tum 變成形容詞，表達人民並不是本質性的存在，也不想成為一種集體性的表述，用以對抗納粹語境下具有血緣種族意涵的「人民」。作者藉布萊希特這句話，對照出納粹使用「人民」的語境，譯者將布萊希特的自創字 tümlich 意譯為同胞。

國的公民」（Bürger und Bürgerinnen der Bundesrepublik）。這並不只是標示了一個修辭上的轉變，還象徵了民主與主權的建立從集體主義轉變成個人主義。

事實上，有些知識分子如國家法學者卡爾．施密特，有時候企圖為「領袖國（Führerstaat）才是真正的民主」進行辯解。對此，他認為人民的意志可以直接透過領袖來表達，不受到惱人的議會，那些自由派的機構或是所謂基本人權的干擾。這仍然表明，若將民主和自由主義之間的鏈結分開來，是多麼危險的事情（見第三十九問）。撇開極少的例外，希特勒、戈培爾，甚至是納粹意識形態，都對民主具有極深的鄙視。就像後繼的獨裁政權一樣，他們更不在乎將自己的體制粉飾成一個更好的民主或是「真正的」民主。

45 為什麼城市和地方社區對於民主特別重要？

「城市的空氣讓人自由」（Stadtluft macht frei），現在偶而還是會有人講這句俗諺。它的涵義可以回溯到中世紀晚期，當時在中歐建立起很多城市，商人和手工匠人形成的市民階級在其中蓬勃發展，並且能夠參與決定城市的政治走向。帝國的城市享有特殊的獨立性，不屬於任何世俗或是宗教的勢力範圍，直接列在神聖羅馬帝國的保護傘之下。

隨著一八〇六年舊的神聖羅馬帝國滅亡，自由城與帝國城市的傳統，在德意志地區幾乎完全消失，最後只剩下四個自由城市：法蘭克福、漢堡、呂貝克和布萊梅。其中，兩個「城市國」（Stadtstaaten），漢堡和布萊梅至今保留了當時的獨立性，它們以一種結合了市民階級與共和主義的自覺，從未直接臣屬於任何君主或大公。但隨著舊的城市自由消失之後，很多自由派市民甚至某些城市官僚，從十九世紀早期開始就支持城市自治，將其作為國家公民參與、選舉程序和民主的一個試驗區。對於更堅定的民主派人士來說，城市應該有意識地建立起一個自由的對抗世界的官僚體制，以反抗君主制、貴族制以及諸侯國，其長期的目標在於建立符合共和民主制的國家憲法。最實際的，首先就是市民對於城市政治的投入，例如在文化和社會福利政策，以及在市民社會早期的形式，如教育和濟貧的志工活動，女性在這些活動當中特別活躍。

這樣做的先決條件是市鎮（Kommune）具備廣泛的自治權，至少和很多其他國家相比是如此，而且這個條件在今天依然適用。法國的民主完全是中央集權，城市和鄉鎮只是國家的行政區。美國對於我們來說幾乎難以想像，因為整個國家大部分的區域都不是由地方鄉鎮所構成，縣（County）的層級相當於德國的 Landkreis[57]，是公民行政與財政給養，以及公職選舉的最基層單位。而在德國，地方鄉鎮的民主制在二十世紀依然有一席之地，因為經歷了納粹獨裁統治之後，看到了在城市和社區共同體中有關自由的扎實基礎，而這些地方上的基礎卻證明在國家層面上是脆弱的。

與此同時，這種記憶正在消退，從一九八〇年代開始，除了以小規模代議原則所組成的地方組織和程序之外，也出現了其他形式的地方民主：公民和城市倡議、社區行動、少數族群的組織——形成公民社會有組織且有自發能力的多樣性。但這兩條發展路線在二十一世紀初逐漸交會，例如在公民動議（Bürgerbegehren）[58]、細胞計畫（Planungszellen）或「二十一世紀地方議程」（lokale Agenda 21）[59]，這也就是一種城市直接民主的新文化。

57 德國行政區的大致劃分：聯邦（Bund）－邦（Bundesländer，包含城市邦）－行政區（Regierungsbezirk）－縣（Landkreis，亦有人譯為「郡」）－鄉鎮（Gemeide）。

58 公民動議，是德國地方層級的直接民主制度，行政區、縣、鄉鎮可經由一定選民的連署，將議題交由當地的公民裁決（Bürgerentscheid）。

59 「二十一世紀議程」（Agenda 21）是一九九二年在巴西的聯合國環境與發展議會中，由一百七十八個國家共同通過的一個地球永續發展議程。該議程的第二十八章規劃地方政府在永續發展目標中的行動方案，故稱之為「二十一世紀地方議程」。

46 民主是同盟國在一九四五年帶給德國的嗎？

一九四五年五月八日：納粹德國在六年前由它所發動的第二次世界大戰當中被打敗，十二年滿手血腥大規模屠殺的獨裁統治終告結束。在德國無條件投降之後，同盟國占領了這個國家的各個區域。一九四五年八月初，在「波茨坦協定」（Potsdamer Abkommen）中同盟國決定了新的政治秩序，這個新秩序可以簡稱為「4D」：去納粹化（Denazifizierung）、非軍事化（Demilitarisierung）、去中央集權化（Dezentralisierung，包含經濟上的反同業聯盟化Dekartellisierung）以及民主化（Demokratisierung）。民主化是四個D裡面，唯一具有正面意義，其他的前綴「De-」只表達了對納粹政權結構的否定。

但民主化到底是什麼意思？德國人真的「能夠」民主嗎？在蘇聯占領區有一票共產黨人擁護之前流亡到莫斯科的瓦爾特・烏布利希（Walter Ulbricht, 1893-1973）[60]上臺。最後在蘇聯的控制和主導下，一九四九年十月七日成立了「德意志民主共和國」（Deutsche Demokratische Republik）。這個民主共和國依其自我理解、依其締造者的真實的信念，乃是對於納粹主義及其資產階級資本主義之根源的一個恰當的民主回應。西邊的區域由美國人所控制，他們致力於一個民主的「再教育」，希望把德國人改造成西方自由主義意義下的民主人士。再教育的光譜十分廣泛：從放映集中營暴行的影片、在控制之下創立民主報刊，以及透過許多西德大城市的「美國之家」（Amerika-Haus）建立起長期的文化政策。年輕世代急切地接受這類刺激，但又對美國文化，所謂的膚淺、純粹的商業性格，採取保留的態度。與此同時，舊的納粹分子不是依然留在領導位置，就是回鍋重掌職權。但是長遠來看，就民主的生活方式和一種不拘小節的新舉止而言，西德人不愧是好學的學生。

但是，在一九四六／四七年重新規劃各邦、建立新的國家秩序、成立聯邦共和國的期間，同盟國在各組織機構中的直接影響力，卻相反地很有限。公務員法、社會保險制度、

60 瓦爾特．烏布利希，年輕時即為德國社會主義工人運動中的活躍分子，威瑪共和末期領導柏林地區的德國共產黨，一九三三年納粹上臺後，出走至莫斯科。一九四五年他以烏布利希集團（Gruppe Ulbricht）領導人身分返德，在蘇聯占領區重組德國共產黨。一九五〇至一九七一年他擔任東德社會統一黨（SED）中央委員會主席，得到蘇聯的認可，擁有最高的政治決策權。

聯邦制以及其他很多科層制度和規定，絕大部分仍然依循德意志帝國和威瑪共和的德意志傳統。更重要的是，儘管制憲大會一直都在盟軍的控制之下，但是制憲大會在一九四八／四九年間起草的《基本法》並沒有成為《美國憲法》的複製品。準確地說，基本法連結了一九一九年的威瑪帝國憲法，甚至也承接上一八四八／四九年的第一部國家憲法，雖然當時的革命失敗了。也因此聯邦德國的民主絕非出自同盟國的特許。

47 是什麼導致德國成為總理民主制？

聯邦德國的政治制度常常被稱作「總理民主」（Kanzlerdemokratie），這表示聯邦總理具有特別重要的地位。但為什麼政府首長要叫 Kanzler（總理），而不是像各地方邦一樣叫「部會總理」（Ministerpräsident），或是像英國叫「首相」（Premierminister）呢？Kanzler 這個字出自拉丁語，在中世紀是指行政、司法和財政方面的高階官員，而且不限於德語地區，在英國也一樣流行。此外，在英國還有另外一個字「大臣」（Chancellor），沿用至今，只是這個字不用來指稱政府首長。一個 Kanzler 等於是最高級的辦公室主管，也就是 Kanzleichef，本身就是長官，領導並負責日常的行政事務[61]。

61 過去中文的翻譯習慣，讓這一章特別容易混淆。首先是一字多譯：Kanzler 這個字，在帝國時期是指作為皇帝的首席官僚，中文習慣譯為宰相；在威瑪共和與聯邦德國時期又稱之為總理，指的是民主體制下的首長。其次是多字一譯，Kanzler 和 Ministerpräsident，中文習慣將兩者都譯為「總理」，但在本章是兩種不同的指涉。筆者無意創造「完全正確」的新譯法，為避免更大的混淆，在每個名詞後面加註原文，希望讀者注意其中的差別。

在十九世紀普魯士的歷史中，這個已經沉寂下來的頭銜被重拾起來，用來指稱當時的政府首長，就是在那時候形塑了總理的現代輪廓。到了普魯士改革時期，卡爾・奧古斯特・馮・哈登堡（Karl August von Hardenberg, 1750-1822）在一八一〇年獲得「國家宰相」（Staatskanzler）的頭銜，擁有覲見國王的特權，地位優於各部大臣。接著在一八六六年在北德意志邦聯（Norddeutscher Bund）建立時，俾斯麥為自己創設了邦聯首相（Bundeskanzler）一職；五年後隨著帝國的成立，他也成了帝國宰相（Reichskanzler）。「部會總理」（Ministerpräsident）這個名稱並不合適，因為俾斯麥當時已經是普魯士的部會總理（而且還持續兼任）。此外，從嚴格的意義來說，帝國並沒有由首相所領導的政府；一個實行君主制且反民主的稱謂，在此所要表達的並不是議會政府的首長，而是皇帝或國王的首席官員。

在這方面，早在一九一八／一九一九年之間、甚至是一九四八年／一九四九年之間，有人提出改變這個觀念用法，但習慣的力量更為強大。為了矯正所謂威瑪共和的弱點，當初制憲大會希望能夠凸顯政府首長之意，「部會總理」（Ministerpräsident）或許顯得太過普通了（而且地方邦政府的首長已經稱之為邦總理）；在奧地利也面臨極端類似的情況。從機關體制來講，「總理」迄今為止表現在三個方向：首先是相對於聯邦眾議院，總理只能由合格的多數，即所謂的「總理多數」（Kanzlermehrheit）選舉產生，並且只能透過不信任程序性投票推翻，也就是重新選出新總理。第二是相對於國家元首，即聯邦總統。和威瑪共和的總統相比，聯邦總統較為簡化成儀式性職位。就這點而言，總理民主是總統制的（非正式）相反概念，就如法國第五共和的總統。第三是政府內部的權責，根據基本法第六十五條，聯邦總理決定「政策準則」（Richtlinien der Politik），雖然條文的下一句限縮了總理的政策決定權，偏向部長的單獨責任與內閣整體的權責。但是，從聯邦第一任總理康拉德．艾德諾起，這種「準則權限」（Richtlinien-kompetenz）已經成了一種正字標記。一九五九年康拉德．艾德諾寧願連任總理，也不要去競選聯邦總統，從那時候開始，誰才是國家最重要的人物，終於有了分曉。

48 為什麼威利·布蘭特想要「勇於更多的民主」？

一九六九年十月二十八日，新當選聯邦總理的威利·布蘭特在波昂德國聯邦眾議院的全體會議廳發表施政報告。他介紹了德國社民黨和自由民主黨（Freie Demokratische Partei, FDP）共組同盟的執政計畫。這個同盟在九月二十八日選後迅速組成，是聯邦德國第一個由社民黨執政的政府，也是自從威瑪共和晚期赫爾曼·穆勒（Hermann Müller, 1876-1931）辭職之後，第一個社會民主黨籍的總理。威利·布蘭特在報告裡談到和東德以及東邊鄰國的互相諒解，以及社會福利政策的改革。但對於當時聽眾印象最深刻的應該是演講的開頭，那個綱領式的宣言：「我們想要勇於（爭取）更多的民主」（Wir wollen mehr Demokratie wagen）。結尾時布蘭特再度回到前言：「我們並不是處於民主的終點，我們才剛剛開始。」

威利·布蘭特所謂「更多」的民主是什麼意思？為什麼在基本法生效剛滿二十週年，

他就提到民主可能到達了終點？在布蘭特當選之前，歷經多年的動盪和政局不安。如果像巴登－符騰堡（Baden-Württemberg）的邦議會選舉那樣，小小的自由民主黨成為唯一的反對黨，同時新納粹的德國國家民族黨（Nationaldemokratische Partei Deutschlands, NPD）歡慶大勝，那麼議會民主還有辦法正常運作嗎？議會外反對黨（Außerparlamentarische Opposition, APO）陣營的評論者害怕「緊急狀態令」（Notstandsgesetzen）的施行會為專制統治的合法化開一條路。在知識分子、工會成員與年輕人之間這種憂慮特別大，害怕德國的第二次民主重蹈第一次的覆轍，倒向獨裁。布蘭特那段有關民主終點和開始的陳述，是為了回應這類的恐懼，但主張一種完全不同的民主，並不是他的目的。他所說的「才剛剛開始」，並不意味著聯邦德國在康拉德．艾德諾時代就不是真正的民主國家（當時作為反對黨的基民黨和基社黨就是如此理解他的意思，並且強烈抗議這一句話）。他想要在學生不同的期望間架起一座橋梁，一方面呼籲他們參與體制的改變，同時藉此勸阻基本教義派的抗爭。在這點上，布蘭特的聲明反映了一九六七年學生領袖魯迪．杜契克（Rudi Dutschke, 1940-1979）的要求：「穿過機關體制前進」，從內部改變國家。

但是，如何將「更多的民主」具體化呢？法定成年年齡和投票年齡由二十一歲降到十八歲，擴大勞工在工作場域的決策權。然而最重要的是，威利・布蘭特認為國家和公民之間應該要有更開放的關係，他幾乎沒有那種高不可攀的官架子，就如當時的政治風格（不僅在德國而已）。他呼籲「大家共同批判性地思考、共同決定、共同負責」。布蘭特雖然沒有預見一九七〇年代以來新民主多采多姿的現實，但是他的闡述流傳下來，在近幾年裡一再地被引用，並不是出於偶然。他的呼籲成了德國民主文化的一部分，因為它證明了民主並不僵化，不是全有或全無的，而是流動的、可改變的、可複製再生的。

49 為什麼一九八九年在萊比錫的示威者高呼「我們就是人民」？

九月底，萊比錫的週一示威者（Montagsdemonstrationen）[62]首次高呼「我們就是人民！」（Wir sind das Volk!）。這個和平示威是從尼可萊教堂（Nikolaikirche）和平禱告發展出來的，這句口號在接下來的幾週裡成為一種識別符號。現在回想起來，這句口號在象徵意義上凝聚了東德的公民們，讓他們起身對抗東德共產黨的獨裁統治，造就了德國民主革命的成功。萊比錫的示威者和民權運動與和平運動的反對團體都不同，他們並沒有透過意見領袖提出綱領性的文獻，而是更自動自發地投入，一次比一次更加勇敢，一直到十月九日已有七萬名參與者，示威達到一個新高點。「新論壇」（Neues Forum）是東德革命中最重要的反對派串聯組

---

62 週一示威，是一九八九年／九〇年間，發生在東德的和平革命運動。最早是一九八九年九月萊比錫尼可萊教堂週一傍晚的和平禱告活動，後來演變成為和平抗議，延燒到東德各大城市，最後促成了東德共產黨倒臺。

織，在九月十日「新論壇」的成立宣言中，並沒有自覺地提到「人民」，發起人所控訴的反而是國家和社會之間的溝通不良。在接下來幾天到幾週內自主組成的團體，命名時把民主訴求擺在最中間：「現在就要民主」、「民主覺醒」。

「我們就是人民」，聽起來有一點像是在模仿美國憲法那個莊嚴的序言：We, the People，但卻是完全不同的情況。在萊比錫這個口號一開始並不是那麼理所當然，而是一種面對國家組織力量有點猶豫不決的訴求，特別是東德國家力量習慣把自己當成人民意志的展現。對於週一示威者來說，這種國家力量是具體存在於警察——亦即「人民警察」——還有國安局的密探。國安局的密探有時候可以很輕易的辨認出來，但他們也會喬裝成示威者的同路人。「我們就是人民」這個口號創造了共同意識並給予安全感，同時這口號也以尖銳而且實際的方式，帶出了民主思想中人民主權的基本理念。

一九八九年十一月九日，柏林圍牆倒塌之後，萊比錫的口號變成「我們是一個民族」（Wir sind ein Volk）。對政治上的根本改變與對民主化的希望，以及是否與西德聯邦統一的渾沌期待，兩者開始互相交疊。這種重疊是否有損於革命–民主的目標，直到今日依然有所爭議：難道所謂的人民，就只是單純作為民族統一之下的「人民」，取代了作為主權者、麻煩製造者的「人民」位置？當初如果沒有西德聯邦的磁吸效應，（東德）民主的願望會不會有不同的發展？關於這個問題，有些人想要以更多的基層民主作為代議民主的替代方案；另一些人則想要在資本主義和共產主義之間尋找「第三條路」。如果我們看看波蘭和捷克等這些中歐鄰國所走過的道路，就知道這些都不太可能發生。他們並沒有一個西方兄弟國推波助瀾，但仍然決定走向市場經濟和自由民主。儘管如此，那個時候是否有另外的可能或選項，這樣的想法依然讓人耿耿於懷。

VI 變動中的民主

50 民主有完成之時嗎？

要求民主的聲音總是很大，在十八世紀末期如此，到了今天也還是如此。大家要求民主的基礎條件，像是言論與出版自由、自由的選舉，以及向議會負責的政府、獨立的司法。這些基礎條件歷經幾百年還是很神奇地沒有什麼改變，而當這些基礎都實現了，就表示民主這棟大廈完工了嗎？若我們切實地閱讀貫穿到二十世紀西方的民主史就會看到，每個時代的人都不斷地以這些基本支柱作為努力的目標。「普遍」選舉權？必須包括婦女嗎？直到達成目標前，都一再引起爭端。而且老實說，西班牙遲至一九八〇年代，波蘭則是再十年之後才算進入民主國家之列。

儘管如此，將民主理解成是某一天會完工的房子，或者是一種配備了特定食材的食譜，則是一種誤導。「民主」的概念和意義一直存在著爭議。十九世紀有不少人相信，民主已透過普遍男性選舉權完美地建立起來，甚至還可以與奴隸制彼此相容。回顧來看，現在視為理所當然的，像是婦女選舉權，所有「種族」以及有色人種一律平等，在過去一開始只是少數人的主張，這些人在當時還被大多數人當成激進的異類。民主需要制度性的支柱，經得起長時間考驗而不變。但同時人們對民主的理解又一直在變化，不斷地追尋自我的獨特性。民主並沒有一個「標準尺」，在已建立的西方民主國家當中，民主制在二十一世紀初期比在戰後時期運作得要更好。當時，不僅在聯邦共和國，其他國家也一樣，都必須先滿足一些基本條件並且獲得安全保障，才會轉向追求新的重點。民主一直在變動，在不斷追尋中變化，自從二十世紀的偉大意識形態與烏托邦理想觸礁之後，就很難再打造出一個「終極目標」。

民主一直變動——這句話有雙重意義。民主不是靜態的，而是一個過程，在社會協商、辯論與衝突中向前推進；其中所涉及的並不是基本立場的另類選擇，而是內在持續地發展，也就是克勞斯．歐佛（Claus Offe, 1940-）所謂「民主的民主化」（Demokratisierung der Demokratie）。民主的推進並不是簡單的「自我實現」，也不在於黑格爾（Georg Wilhelm Friedrich Hegel, 1770-1831）所宣稱的，被「世界精神」那隻看不見的手所引導，而是人類靠自己創造、奮鬥贏來的。知識分子、思想導師他們的創新想法固然非常重要，但更具影響力的，絕大多數卻是靠社會運動：或大或小志向相投的團體，或鬆或緊的組織方式；他們批判現有的關係條件，傳播新的觀念，以及上街頭抗議。如果沒有社會運動，如果致力參與政治的人，無論是婦女或勞工，是人權運動者或環保人士，都只留在國家機制當中按照規則行事，那麼任何民主都無法永續存在，且充滿生命力地繼續發展。

51 從什麼時候開始出現市民抵抗和社會運動？

現在示威活動和公民抗議，比過去任何時候都更像民主的日常。很多社會運動也早就從反常變成正常，成為一種民主機制，像是主張和平、環境與人權，還有很多其他的議題。一九七〇年代包含德國在內的許多歐洲國家，都興起了學術界所宣稱的「新社會運動」。但它們之所以稱之為「新」，是因為社會運動的歷史可以追溯得更遠。抗議、騷亂、暴動，一般民眾起身反抗菁英統治，反抗壓迫與不義，早就已經出現在古羅馬、隨後在中世紀晚期，以及近代早期的各大城市中。直到今天我們依然能夠再度辨識出一個抗議與社會運動的基本模式，這模式大約是在十九世紀中期，從勞工運動、早期的婦女運動，特別是透過美國南方各州反對奴隸制與奴隸買賣的運動中所形成。廢奴主義者（Abolitionisten）以超越政治黨派的方式組織起來，施壓政府與國會議員，並且提供實際的難民救濟。很多中產階級的婦女參與在其中，卻發現這樣一個政治場域，居然在名義上還不准她們涉足。當代社會運動的重要特徵也因此而浮現：具有明顯的道德驅動力、利益相關者和局外人互相連結，結合論述與行動、以及相較於古典政治更廣泛的性別平權。

一般來說，抗議與社會運動的根源較少受到國家界線的限制。相較之下，議會主義與政治性的政黨卻較受限制，像奴隸制就是一個全球性的問題，是西方殖民主義與種族主義的表徵與後果。二十世紀早期反殖民的抗議，在爭取自由與平等的奮鬥中扮演了重要的角色，同時也測試了政治行動的新形式。印度律師莫罕達斯・甘地（Mohandas Gandhi, 1869-1948）從一八九三年就開始在南非抗議白種英國人與布倫人（Buren）對他同胞的歧視，其後對抗種族主義更不在話下。就如一九三〇年三月著名的「食鹽進軍」（Salzmarsch），他以非暴力抗爭與公民不服從的手段，為印度獨立運動帶來鮮明的印象，賦予了道德的強度。一九五〇年代，美國民權運動承接了浸信會牧師馬丁・路德・金恩（Martin Luther King Jr., 1929-1968）的行動方式：杯葛或沉默無聲的抗議遊行，這方式再傳至隨後的學生運動。因此，抗議與社會運動的歷史顯示，即使是出於「西方」的民主，也在西方之外扎根（見七十七問）。

52 一九六八世代想要什麼樣的民主？

學生在美國加州伯克萊（Berkeley）校園示威，要求 free speech，也就是言論自由的基本權。魯迪．杜契克舉著反越戰的布條，在西柏林的街道上遊行。年輕男女留著長髮半裸著身，在他們的公社裡面公然挑釁反對資產階級的生活方式。絕望的人們阻擋在蘇聯坦克前面，這些坦克正準備鎮壓「布拉格之春」。一九六八這個年分，是一九六四／六五年以來北美與西歐一連串複雜事件的一個簡稱，這簡稱甚至也可標示當時在波蘭與捷克斯洛伐克「鐵幕」裡所發生的事件。其共同點是年輕世代的抗議，特別是年輕學生的反傳統、反「體制」（Establishment），抗議的背後往往是帶著烏托邦式的過度希望，無論是對個人還是對政治而言，希望一個獨立自治和自我發展更美好的未來。有些六八運動者起初想要的只是叛逆與具有創造性的生活，而另一些人則是嚴肅地看待政治問題，以嚴格的標準質疑國家秩序。巴黎的學生在一九六八年五月，差一點就推翻了夏爾・戴高樂（Charles de Gaulles, 1890-1970）的第五共和；在聯邦德國也有很多人受到社會主義德國學生聯盟（Sozialistischer Deutscher Studentenbund, SDS）的影響，一場社會主義革命一觸即發。

在六八運動者眾多的目標和活動裡，可見或不可見的標題都是更多更好的民主。「主張民主社會的學生們」（Students for a Democratic Society），是當時美國最重要學生組織的名稱。那時候美國的學生並不像西歐學生想要改變整個制度，而是更著重在爭取個人的基本權利與自由。而一九五〇年代爭取美國黑人平等權利的民權運動，是西歐新運動形式的重要來源與榜樣，例如公民不服從和靜坐，隨後在西柏林或法蘭克福都曾經嘗試過這種形式。在聯邦德國還有對抗納粹獨裁餘孽和心靈遺毒的運動，所謂的「千年陳腐」（Muff von tausend Jahren）[63]口號，並不是只有在大學內推動。馬克思主義和他對資產階級社會的批判，在聯邦德國以及英國、法國和義大利都具有強大的吸引力，不只是當作理論，還有一點至今幾乎無法理解的，就是把共產國家和獨裁者當成典範，例如中華人民共和國的毛澤東及其發動的文化大革命。被寄予厚望的社會主義民主制到底有沒有辦法克服令人厭恨的公民議會制，還是只不過是擴大了它，這問題直到今天仍然和當時一樣沒有定論。許多不同的引述之間維持著懸而不決的狀態，就像約翰尼斯・阿格諾利（Johannes Agnoli, 1925-2003）和彼得・布魯克納（Peter Brückner）一九六七年出版的《民主的變革》（*Die Transformation der Demokratie*）[64]和赫伯特・馬庫塞（Herbert Marcuse）那些富有影響力的著作。而在德國特別熱衷推動「生活領域全面民主化」，終究在中學和大學等機構中，拓展了具體的發言權。

在捷克斯洛伐克，一九六八年雄心勃勃發展的政治秩序模型，在很大程度上失敗了，他們實際上以爭取自由和以自由主義為旨的民主制度遭到了暴力鎮壓。然而在更廣泛的意義上，「一九六八」持續促進西方各國社會與文化的民主化，一切不再那麼階級井然與專制，特別是在聯邦德國。在集體的秩序中，個人主義和自決取代了隨波逐流，自此成了座右銘。

63 這句話出自一九六七年漢堡大學交接典禮的學生抗議標語：「禮服底下，千年陳腐」（Unter den Talaren – Muff von 1000 Jahren），同時也反諷納粹的千年帝國（1000-jähriges Reich）宣傳。這標語是六八運動期間最有名的口號。

64 約翰尼斯・阿格諾利，義大利裔德國政治學者，在一篇論文〈Die Transformation der Demokratie〉中對民主政治提出強烈批判，認為民主制度退化成新的封建專制，而政黨成為國家體制一部分卻沒有代表民眾的意願，以經濟掛帥的國家機構將其政令轉變為輿論，但在所謂民意的大纛之下，所有資本和勞動的利益衝突得以協調，穩定了政治秩序。這篇論文被認為是戰後反議會制度最重要的著作，在一九六七年與德國批判心理社會學者彼得・布魯克納（Peter Brückner, 1922-1982）另一篇論文〈民主意識的轉變〉（Die Transformation des demokratischen Bewusstseins）合編成專書出版。布魯克納是一九七〇年代西德聯邦新左派的代表人物之一。

政府並沒有崩潰，而是以改革回應（見四十八問）。此外，很明顯的是：不是只有國家機關體現了民主，同時還有全體公民的參與義務與生活方式。

53 什麼是公民社會？

從一九八〇年代起，公民社會（Zivilgesellschaft）就在新的民主討論中，成了一個魔法密語。Zivil 並不是軍事的反義詞，而是回到這個拉丁字最早的字意：市民 civis，因此我們也可以稱之為市民社會。但這個概念有它自己的傳統，特別是在德國。哲學家格奧爾格・威廉・弗里德里希・黑格爾（Georg Wilhelm Friedrich Hegel）認為它是介於家庭與國家之間的中間範圍，他也稱之為「需求系統」——可以將這系統轉成營利經濟（Erwebswirtschaft）或資本經濟（kapitalistische Ökonomie）。與此相反，公民社會的新概念所指涉的是，由民眾所致力和組織，且同時獨立於國家和市場的一個領域。另一方面公民社會也不並希望像市民社會那麼政治，經常被塑造成國家的對立面。所以我們可以把公民社會定義為：社會和其多方利益非強迫性的政治自我授權與自主組織。

這個觀念的起源並不只是在西方的社會運動，同時也存在於東歐對抗共產黨的反對組織當中。面對無所不在的國家與弱勢的人民，知識分子如波蘭的亞當・米奇尼克（Adam Michnik, 1946-）[65]挺身反抗。從格但斯克（德文稱但澤 Danzig）所發起的自由工會組織「團結工聯」（Solidarność），是公民社會的一大成功例子。在西歐與北美有很多人努力透過選舉和代議民主，希望對自己生活關係的狀態產生更直接的影響。地方的公民團體不想乖乖吞下「高層」的決策，同時在開發全球性政治領域扮演了重要的角色，例如人權與自然權與環境保護。在聯邦德國的綠色運動結合了很多這樣的潮流與團體，「基層民主」（Basisdemokratie）成為他們四項指導原則之一。四項原則也就是「生態、社會、基層民主、非暴力」。自此，公民社會就是這些非正式的運動與組織的一個集合概念，廣意來說，從這些非正式的運動與組織產生了做決策的政治意願。

在過去三、四十年當中，對民主有了更廣泛的理解，包括新的、非傳統的政治組織形式，比起原先純粹的代議民主所能提供的更多，吸引了更多人參與和投入。這就是為何也稱作「參與式民主」（partizipatorische Demokratie；儘管參與也是古典民主的核心）。在最好的情況下，就如班傑明・巴布爾（Benjamin Barber, 1939-2017）[66]所說，這也是一個強勢的民主（strong democracy）。

---

65 亞當・米奇尼克，出身於猶太家庭的波蘭作家、政治記者，曾在一九六八年波蘭三月事件中參與學生抗議活動，被華沙大學歷史系開除，之後因積極推動波蘭民主化運動，多次被當局關押。一九八九年米奇尼克推動參與波蘭圓桌會議，是團結工聯代表之一，其後出任共產黨垮臺後成立的獨立日報《選舉報》（*Gazeta Wyborcza*）的總編。這份報紙也是波蘭形成政治意見的重要機關。米奇尼克素有「反對派運動設計者」，主張在社會衝突中尋找共同語言，在協商中化解衝突，著有《教會和波蘭左派：從對抗到對話》（*L'Gégliseet la gauche*）。二〇一〇年他短暫訪問北京，中國出版他的評論集《通往公民社會》，崔衛平為此寫了長篇導讀〈誰是亞當・米奇尼克〉。

66 班傑明・巴布爾，美國著名政治理論學者，積極參與公共事務。他對完全代議式的民主持懷疑態度，認為其中的各種利益代表，只有專業從政者才可能分辨。一九八四年他出版《強勢民主》（*Strong Democracy*，一九九四年德譯版），分析民主逆差的現象，以一個規範性民主理論架構來描寫一種理想的參與式民主。他認為公民社會應該活化民主教育，讓公民得以有能力自我管理。他所謂強勢民主，是業餘者的政治，政治參與應是公民日常性的義務。他在此書二〇〇四年的修正版前言中表示，他並不是想取代代議制，而是以參與機制的批判性去擴展薄弱的民主，一旦在政治和公民領域中建立起穩固的基礎，民主可以確保足夠的平等和正義，與各種經濟體系共存。而他在一九九五年出版的《聖戰分子對決麥當勞：全球主義與部落主義正在改變世界》（*Jihad vs. McWorld: How Globalism and Tribalism Are Reshaping the World*），對二〇〇一年美國九一一事件的脈絡具有宏觀的解釋力，被譽為「先知般的眼光」，也是他最暢銷的一本書。

54 直接民主是否成為一種趨勢？

根據基本法（第二十條第二項），德國的國家權力由人民「以選舉和公民投票」的方式來實行。聯邦眾議院的選舉每四年舉行一次，除此之外還有地方選舉、邦議會選舉與歐洲議會選舉。聯邦層面的公民投票自一九四九年以來，從未舉行過，這是因為基本法的制定者與盟軍對於人民未經過濾過的民主智慧，抱持著懷疑的態度。威瑪共和的政治動盪和納粹政權洗腦式宣傳的濫用殷鑑不遠，例如一九三五年一月十三日關於薩爾蘭地區（Saargebiet）併入德意志帝國的公民投票。也因此，即使是基本法本身的生效方式也沒有透過公民投票，而是經由制憲大會的決議，並且取得諸盟軍占領國的同意。

一九六〇和一九七〇年代關於更多、更好的民主相關討論風起雲湧，但關於公民投票的研究卻很少成為焦點。直到大約二十幾年前德國統一之後，直接民主才進入政治參與的改革中心。過去所使用的概念「公投民主」（plebiszitäre Demokratie）在公眾與學術領域都迅速地消失，因為這個名詞會讓人聯想到在威瑪和納粹時期那種歡呼的鼓掌。實際上政府是否允許人民確認某些事情，以及人民是否受利益驅動「由下而上」的參與和投票，這兩者是有區別的。今天追求直接民主常常和躁動與叛逆的公民精神綁在一起，而這種公民精神在一九六〇年代以前是不存在的。

因此，直接民主的力道在地方選舉的層面上是最強的，在邦的層面上還明顯可見，在聯邦的層面則迄今為止乃是最弱的。在大多數情況下，直接民主是對於已經在公共輿論兩極化的事務性問題上，做出明確的是或否的選擇。這種狀況在德國常常是基礎建設和土地利用的問題，例如巴登－符騰堡在二〇一一年公投「司圖加特二十一」（Stuttgart 21）的交通計畫，柏林在二〇一四年五月公投關於在舊的滕珀爾霍夫公園（Tempelhofer Feld）的開發。相反地，由人民直選個人，似乎比較沒有那麼緊迫，但是在地方選舉的層面上卻很重要，特別是直選縣市長。政黨也在從事類似的實驗：例如對高層領導的同意權，或者黨員公投決定是否參與執政，就像社民黨在加入「執政大聯盟」（Große Koalition）之前，曾在二〇一三年十二月舉辦了黨員公投。黨內民主制以及在事務問題上訴諸公民投票，美國是一個重要的典範，例如他們最基層的「初選」（Primaries）和在加利福尼亞等州蓬勃發展的直接民主制。而即使議會制的老牌國家也有新意：英國在二〇一一年對新的選舉權進行了公投，而蘇格蘭則在二〇一四年九月十八日以公投否決了脫離聯合王國的獨立公投。

所以說，直接民主是個趨勢，在德國特別明顯，在歐洲其他地方也是如此，但這並不是一場直接民主的革命，對於代議式民主的信任危機是否因此得到修補，仍然有待證明。

55 民主人士應該盡可能地對所有事情充分討論嗎？

借用一句小孩子的話，民主沒有「說了算的那個人」。民主必須相互對話，必須進行討論，用自己的立場說服別人，或找出一個可接受的妥協方案。這適用在國會（包含國會的各委員會），也適用在社會的辯論空間，長期以來我們稱之為公共輿論。這對於現代大眾媒體——包括新聞、廣播、電視，以及愈來愈重要的網際網路——是不可放棄的。過去很多德國人認為政治討論很煩人，威瑪共和的帝國議會更是曾被諷刺為「耍嘴皮會」。一九四五年之後興起了一股新的討論風氣，這股討論風氣也受到一九六〇年代以來的青年文化與社會運動所推動。威權式的「給我閉嘴」已經過去了，現在不管牽涉到私人關係與家庭的問題，或者狹義的政治問題，最好所有事情都要充分討論，最好再辦一場公聽會，或找幾個專家在講臺上辯論。新的觀念是，決策應該盡可能是經過廣泛「討論」的結果，也就是必須經過一場客觀、有建設性、平等而且理性的討論。

哲學家尤根．哈伯馬斯是過去半個世紀以來最有影響力的民主思想家，他把這種日常的經驗納入一部廣泛的理論當中。人類的共同生活對他來說，無論是私人或在政治上，可能的話都是一場「不受支配的論辯」（herrschaftsfreier Diskurs）。因為我們無法獨自生活，所以我們必須與其他人相互理解。我們必須盡可能地擺脫權力和支配的結構來做到這一點，無論這結構是父權體制還是企業財團的影響力。但我們盡可能地不威脅或是不詛咒，而是使用理性提出對彼此皆清晰合理的論點。如果我們討論得夠久也夠徹底，我們將會找到一個理性的共識。如此一來，就會形成一個諮商與討論的民主，哈伯馬斯稱之為「審議式民主」（deliberative Demokratie），民主因此成為一種人們彼此之間能夠理性互動的統治形式。

這種模式引起了許多批評。這個構想是不是太過理想化了？政治不就是鬥爭和衝突的場域，無可妥協的立場在其中彼此衝撞嗎？對於難民問題、學校系統，或者要不要蓋一條新馬路的辯論，到底有沒有一個理性的答案？在政策上最終所決定的，不是取決於多數決原則，而是願意協調各方找到最大公約數？以及最後的問題：民主能一直理性運作，且只能靠理性運作嗎？難道激情和感情在民主當中沒有存在的餘地嗎？然而，哈伯馬斯理論所處理的問題卻是另外一回事，它總結了過去幾十年民主文化與實踐的變革，討論、諮商與審議毫無疑問地在政治程序中愈來愈重要。這個理論也提出了一個政治共存的理想願景，儘管受到了很多的批評，但依然值得追求。

56 什麼是代理人式的民主？

無論在司法、立法還是行政部門，律師和其他的法律人在民主當中都扮演了重要的角色。但「代理人式的民主」（anwaltschaftliche Demokratie）這種有點難以解釋的表述，所指的涵義又是另一種：意即那些不僅為自己利益也為別人的權利與利益全身投入的人，就好像律師代表他的當事人一樣。從二十世紀的最後二十五年起，代理人式的民主就成為新民主的一個典型模式，而且是全球性的；人們不是為了提高自己的薪資上街頭，而是為了其他國家的政治犯；選舉日當天獲得選票的，不是那個主張降稅和提高年金的政黨，而會是另一個投入環境與物種保護的政黨。

自由主義式民主的基本理念，則是另外一種。根據理念，民意的構築是透過不同社會團體為自己利益相互衝突而建立起來的。農民和工匠、工廠主人和工廠工人，每個人都出於自己的利益而參與政治，以便在競爭中為自己爭取最佳結果。自我利益、多元主義、創造多數：自由主義式民主的模式，就是奠定在這個鐵三角之上。現實的狀況當然不會完美地符合，但這個模式直到戰後依然非常重要，例如工會和各工業公會（Industrieverband）。

追求自己的利益不僅合法，而且是必要的。工人罷工要求加薪，老人則希望提高退休年金。但是，逐漸興起的利他的趨勢，是近來民主最重要的發展之一，這反映了新的組織形式：利益團體退居幕後，代理人式的團體愈來愈有吸引力，特別是在年輕人之間，甚至在全球性的媒體上受到注目，國際特赦組織和綠色和平就是明顯的例子。在德國也常常聽到NGO，亦即非政府組織，英文裡經常稱之為advocacy group（倡議團體），但是在德國「代理人團體」（anwaltliche Gruppe）一詞尚不普遍。

這類投入利他行動的目的和動機是多方面的，可能是為了那些不善於表達自己的人而投入，或是為了那些無法在公共輿論被聽見的人。這些行動可能在自己社會中只是微弱的存在，但是代理人式民主最特殊之處是在於為「遠鄰」站出來：為其他國家或地球另一端的人，尤其是為了發展中國家或是獨裁國家的人站出來。在未來，這也可能是一個時代的方向：為了「未來世代」站出來，而在永續經營與人口變遷的名義下，代理他人扮演了一個愈來愈重要的角色。包含對於非人類（因此也不具說話能力）環境的投入：為了自然，為了「保護上帝的創造物」，為了動物和植物的生存權。所以從倫理的角度來看，代理式民主也是一項重要的成就，但是並不能因此從其中導出道德優越的主張。

57 在消費時可以為民主做些什麼嗎？

一件事和另一件事有什麼關聯？我們寧可從反面的角度來看。現代消費社會自從一百年前發軔開始，就不停地受到批判：美麗的商品世界勾引和誘惑了人們，就像大眾媒體一樣操縱我們，讓我們去政治化：血拚比對公民事務的投入和走去投票箱要來得重要多了。完全沒有節制的消費自由讓大家忘了政治上的不自由。對西方社會來說，這是一個危機，對於蓬勃發展中的新興經濟體也是如此，那些地方仍然需要在財富、人身和政治自由之間找到新的平衡，就像在中國。

同時，消費世界在很多方面已經成為政治的領域。首先，這是由於二十世紀晚期從工業生產經濟過渡到後工業的服務與消費經濟。在職場上藉由工會的協助，不再是只為了薪資和休假而抗爭，還為了政治參與和對民主的自我理解。與此同時，休閒與消費占據了更多的時間，成了衝突的舞臺，私人的消費也就有了政治性的面向。如果說十九世紀中葉工廠中惡劣的工作條件是引起激烈爭論的原因，那麼今天的爭議是在於食品的品質或其來源和生產的倫理問題。我們會買「有機」食品，即使它們更貴；儘管價格更高，我們還是決定買「公平交易」的咖啡，因為這可以讓非洲的農夫有更多的收入，從而得以自立更生。數百萬個這樣的決定會有政治的後果，雖然不像選舉的結果具有直接影響，卻可以間接地改變權力結構。

但是，在超市也不是只有直接對消費問題討價還價，櫃檯常常被當作完全實踐另類政治要求的槓桿。一九六〇年二月一日，在美國格林斯博羅（Greensboro）的黑人學生違反種族分離法坐在「白人」的位子上，要求點餐和飲料，他們擴大的不僅僅是民權運動的行動範圍，還拓展了現代公民社會的民主。特別是消費杯葛相當有效：在南非種族隔離時期，喊出抵制他們的蘋果；或者是消費者抵制某些加油站，懲罰那些汙染環境的石油公司。但這類例子也經常顯示，消費者的力量轉瞬即逝，抵制行動很快地垮臺是因為便利性勝過了原則。生產者儘管組織得更為緊密，例如農民政黨或者工業工會聯盟等，但另一方面消費者政策也變得更加的非官方，頂多是由公民倡議者或綠色和平或「課徵金融交易稅以協助公民組織」

（Association pour la taxation des transactions pour l'aide aux citoyens, Attac）帶頭主導，或者是愈來愈重要的數位社交媒體。

VII 關於民主
——還有什麼其他的要說？

58 民主是最糟糕的政府形式嗎？

至少這就是英國首相溫斯頓．邱吉爾（Winston Churchill, 1874-1965）一九四七年十一月在下議院語帶極度嘲諷時所表示出來的意思，民主是最糟糕的政府形式——「除了所有其他不斷地嘗試過的政府形式之外。」邱吉爾想藉此警告，對民主的期望不要過高，過高之後，最終只會失望，然後就會在民主之外尋找政治救贖。這種務實的立場和盎格魯撒克遜人的心態很吻合，除此之外他們對於國家和政府都抱持著一種基本懷疑的態度，這種懷疑經常使得英國人、美國人和歐洲大陸人區別開來：即使在民主的形式下，國家和政府也是一種必要之惡；是自由與美好生活的先決條件，但同時也是干擾因素。「管得最少的政府就是最好的政府」這是亨利．大衛．梭羅，以來自麻薩諸塞州激進的自由精神，在一八四九年的一篇關於公民不服從文章當中所陳述的。

但邱吉爾的名言對於二次世界大戰之後的情勢十分貼切，特別是在納粹主義與史達林主義的陰影之下。若要反覆嘗試其他的政府形式，不必輾轉去其他大陸或是遙遠時代。二十世紀初，在歐洲甚至在美國，排山倒海地對自由主義民主的嘲弄與揶揄。對於民主可能走入現代歷史的死胡同，有些人歡慶，有些人憂心。極右派和極左派作為另類選擇成為不可動搖的主張，彷彿領袖國家或是布爾什維克主義方能建立完美的社會和國家秩序。因此，民主應該擺脫這種烏托邦式的餘緒，以謹小慎微取代偉大的意識形態。同時代的社會科學家約瑟夫・熊彼特（Joseph A. Schumpeter, 1883-1950），代表了對於民主一種類似的、極簡的理解。這符合一九五〇年代的氛圍，特別是在聯邦德國，機構的穩定性勝過一切。十年之後，才又出現對民主更深遠期待的曙光。但是直到今天，邱吉爾懷疑的態度仍然是常常被引用的警告，儘管民主有著缺失和弱點，但它卻是「相對較小的惡」。

59 民主國家可以有一個國王嗎？

或者是像伊莉莎白二世（Elisabeth II）那樣已經統治聯合王國超過六十年的女王呢？起初，民主制和君主制就像水火一樣不相容。十八、十九世紀時，早期的民主人士為人民爭取權利與發言權，對抗君主制度和支撐這種制度的貴族社會。貴族專制政體，就如同波旁王朝的法王路易十四（Louis XIV, 1638-1715）所說的「朕即國家」，增強了這種厭惡感。一八一五年維也納會議想要確立王朝原則與君權神授說，以保護歐洲的君主制度，防制叛亂的民主人士。到了十九世紀末，帝國的思想再度興起——除了英國以外——無論在德意志帝國、俄羅斯帝國或鄂圖曼帝國，民主化並未提升。

同樣在十九世紀，這種對比變得更加尖銳。就像人們在德意志地區所說的，作為君主制不可調和的相對概念叫做「共和」，或是稱為「自由國」（Freistaat）。當王權能慢慢地退到調解的或者僅具有代表性的功能的時候，那麼民主政體、自由選舉以及法治國的保障，也可以在君主制中逐步建立起。因此，從一八四九年開始，在德意志地區就有部分溫和派民主人士——不是激進的共和派——承認由人民所任命的皇帝作為國家的元首；又因為缺乏像英國自一六八九年以來所經歷過的歷程，以及那些來自革命或獨裁政權的深刻衝擊，使得德意志地區的君主制得以繼續存在，同時開始與勞工運動進行協調，而勞工運動又與民主和共和主義特別地緊密結合。這狀況也發生在斯堪地納維亞等國，包括社會民主的典範國家瑞典。因此產生了乍看之下很矛盾，今日看來卻很讓人驚異的圖像，歐洲的北部與西部都是由君主制所塑造的政治地景，這些地方（從歷史的角度來看）正是歐洲大陸最進步的區域。而在中歐與東歐包含德國那些必須艱苦爭取民主的地方，相反地只有共和制。共和制很容易發展成獨裁統治，因為政客如俄羅斯普丁（Putin）或土耳其埃爾多安（Recep Tayyip Erdoğan, 1954-）很輕易地就將自己打造成國家元首，進一步建立控制機構。在西班牙胡安．卡洛斯（Juan Carlos, 1938-）雖然是由獨裁者佛朗哥（Francisco Franco, 1892-1975）指定為國王，但他不僅實際上有助於過渡到民主，而且在一九八一年二月二十三日政變的時候，阻止了西班牙倒退回到軍事獨裁國家。

60 獨裁統治是民主政治的另一種選擇嗎？

如何利用民主的弱點和問題，讓獨裁勝過民主？那種單獨一人的恣意統治，沒有自由、充滿恐懼，而且通常伴隨著暴力？在過去並不是這樣。古羅馬的獨裁者如蘇拉（Sulla）或尤利烏斯・凱撒（Julius Caesar）被授與非凡的權力，目的是為了使共和從危機中恢復至一般常態。從中世紀到十九世紀初，歐洲國家的君主制一般情況下並沒有獨裁的問題。只有在國王被推翻，獨裁者才會上場，目的是利用他強勢的領導將所謂的共和與民主弱點撥亂反正。法國大革命之後拿破崙・波拿巴（Napoleon Bonaparte）的統治就是一個典型的例子，雖然拿破崙還是遵循君主制的傳統加冕為皇帝。

第一次世界大戰之後，對於自由民主在二十世紀是否還有未來的疑慮日深。這疑慮在今天很難理解，因為當時民主制度的試驗在大部分歐洲國家，包含德國在內都才剛剛開始而已。但是很多人不論左派或右派都深深相信：自由主義、個人主義和民主制度，會隨著那屬於公民階級的十九世紀結束而消亡；冉冉上升的是大眾社會的新時代，階層井然的秩序和強勢的領導之下的集體主義，更為合適這新時代吧？所以，獨裁恐怕是未來的優秀統治形式！

接下來幾十年，義大利的貝尼托・墨索里尼、蘇聯的約瑟夫・史達林、西班牙的弗朗西斯科・佛朗哥、中國的毛澤東，特別是德國的阿道夫・希特勒都彰顯了這類的角色。我們今日所理解獨裁的特徵都和這些政權密不可分：一黨專政的國家、各種群眾組織、無法治和無制約的暴力，以及受人民所「愛戴」之獨裁領袖者的個人崇拜。漢娜・鄂蘭（Hannah Arendt, 1906-1975）是一位德裔美籍的政治學者，曾因身為猶太人而被納粹驅逐，她將這類現代獨裁的要素納進極權統治的理論概念中。在戰後的幾十年當中，聯邦德國新生的民主籠罩在獨裁統治的多重陰影中：一方面與納粹主義劃清界線，一方面對抗東德德國社會統一黨（SED）的獨裁統治。

在現代作為統治形式和恐懼概念，獨裁所扮演的角色較為式微。獨裁統治原本清晰的輪廓也愈加模糊，取代舊有獨裁者的是專制的總統或「掌權者」（Machthabern）。我們必須重新思考：無論如何，西方建立的民主所面臨最大的危險，不再是淪落成獨裁，不再是一九三三年一月三十日的再現，而是以日常生活的形式，也就是俗稱「廣告的獨裁」、「大企業的獨裁」。同時，在數位化的世界當中，自由受到侵害的事實也已產生變化，儘管谷歌的獨裁和希特勒與史達林的獨裁相去甚遠。

61 最好是由專家和專業人士來決定政治嗎？

什麼？衛生部長居然接管環境部門？他應該對這方面一竅不通！在政府輪替或者內閣改組的時候，大眾輿論往往會有類似的反應。一九七二年老練的水泥師傅格歐爾克・列伯（Georg Leber, 1920-2012）出任國防部長，有很多人大翻白眼，但他的職務表現相當成功，無論在任或卸任之後都受到高度的推崇。儘管如此，大眾還是有一種期待，認為應該盡量找聰明而且有能力的人來為政治掌舵——但這似乎與選舉的民主機制和由政黨贊助的政治事業相違背，也就是從「人民」之中公開招募的理念不相容。這種期待其實很古老，直到今日，大家在爭論這個問題時，常常喜歡引用柏拉圖的話，柏拉圖認為理想的統治是透過一群「哲學家皇帝」：最聰明、最有智慧的人應該統治整個群體。

二十世紀初，在歐洲和北美很多民主國家當中，都有學者和知識分子主張由專家來統治。他們相信，自由主義的選舉民主制在屬於市民階級的十九世紀末期已達到高峰。技術創新顛覆了對日常生活的認知，自然科學不斷地發展而且獲得高度的重視。政治決策不再可能沒有技術專家的參與。工程師在此成為一種範例：他們也應該要參與規劃和打造社會與政治。這想法適用於跨領域：適用於信奉科學與技術的蘇聯史達林主義，適用於德國的專制與極右派極端主義運動，一直貫穿到納粹主義；同樣也適用於美國一九三〇年代受社會民主主義所啟發的改革運動「新政」（New Deal）。在歐洲所無法忽視的是，要求專家統治的呼籲助長了威權統治和獨裁政權，為廢除民主提供了藉口。

因此，一九四五年之後，對專家統治就產生了疑慮。因為專業人士並沒有掌握更優越的權限去獲得真相，當然也並不具備什麼客觀且價值中立的事實陳述，可以從中導出明確的政治決斷。不管一位物理學家多傑出，同樣無法決定核能的良機與風險孰輕孰重；最耀眼的哲學家也無法判斷，到底我們對墮胎與複製人類應該採取什麼樣的態度。由專業人士組成的政府是在過渡期或是危機的情況下發言，例如義大利在二〇一一到二〇一三年之間的馬力歐·蒙蒂（Mario Monti, 1943-）內閣，專業知識在此是提供正當性的替代品，這無疑比要求前朝皇室的後代提供幫助更具代表性。但這只是一時的權宜之計，只維持到民主正當性的再次建立。但對透過專家達到良好統治的期待是無法泯滅的，而且不可否認，必要的專業知識與民主中「每個人」（Jedermann）的愚昧無知之間，是存在著緊張的關係。但所謂專制政權可以運作得更好，是因為他們可以把有能力的專家放在適切的位子上，則是無稽之談。

62 什麼是委員會式的民主？

自由主義式代議民主制的中央機構是國會，但政治的代理和民主的權力能不能有另外的組織形式呢？或許能夠更好、更直接、更加自動自發地與基層民意相通氣？大約一九〇〇年時，這個問題困擾很多人，大家都認為議會民主沒有未來，或者認為議會民主基本上太過狹隘，在社會正義層面被扭曲為只為了菁英與資產階級的利益。在英法等國的勞工與工會運動中，一直有著各種形式的「委員會」（Räten），但這些委員會是自助式的組織，並不是國家權力機關。隨著政治主張不斷地拓展，這類委員會在一九〇五年第一次俄羅斯革命中成形，特別是在聖彼得堡。聖彼得堡是沙皇帝國的首都，同時也是當時最發達的工業城市。一九〇五年十月，先前的各種工人與罷工委員會在聖彼得堡組成了「工人代表委員會」（Rat der Arbeiterdeputierten）。當時的社會主義革命運動，列夫・托洛斯基（Leo Trotzki, 1879-1940）

在其中扮演了主導的角色，而他的主張超越了聖彼得堡一地的城市政治。工人代表委員會的俄語叫蘇維埃（Sowjet），從一開始就和俄國的國會杜馬（Duma）形成競爭態勢，而杜馬是自由主義分子向沙皇專制政權力爭而來的成果。

這委員會的模式隨後和各個革命與勞工政策緊密相關。一九一七年十月革命之後，列寧和布爾什維克黨人將委員會提升為社會主義建國的組織原則，成立了「最高蘇維埃」（Obersten Sowjet）作為蘇聯最高立法機關，持續到一九九一年。最高蘇維埃合併了蘇維埃和杜馬兩個議院：因為從革命的立場而言，一個穩定的形式其實是更加趨近於委員會模式，而不是議會主義（同時委員會模式也可以成為掩飾共產黨專政的大帽子）。第一次世界大戰末期基爾（Kiel）的水兵叛變，工人與士兵委員會趁機在一九一八年十一月發起革命，在推動德國走向共和的過渡上起了決定性的作用，但社民黨的多數和其他市民階級的政黨，最後還是替威瑪共和選擇了議會模式。一九六〇年代與七〇年代，在六八學運的氛圍下，也曾再次熱烈討論過，在威瑪共和的當時是否錯過了機會去追求一個不同且更好的民主機制。學運中有一部分人，特別是站在工廠工人這一邊、渴望社會主義革命以及批判議會主義者，在當時力挺委員會式的民主，作為議會民主的另一種選項。但是這個主張從那時候起，出了那個小圈子就沒有得到過共鳴，但至少包含綠黨在內的新興社會運動替民主化開創了另一種道路。

我們可以說：委員會式民主在面對危機、革命，與處理過渡情況下很強而有力，但迄今為止從未能以民主的形式持續存在。它同時身兼立法與行政兩權，因而破壞了權力分立原則（見第六問）；或是在實質上淪為議會，從而喪失其特殊性。最後一點：委員會式民主的國家性質並不見得保證適用於工廠與企業，隨著高度工業化社會過渡到今日的服務與消費型社會，更是完全喪失其適用資格。

63 用樂透取代選舉可行嗎？

民主和自由選舉，乃是不可分割的配套措施。正因為政治領導如何可能一方面是由王朝繼承（世襲君主制）或恣意的權力寡占（獨裁）所決定，同時在另一方面卻又要求任期限制？即使在非常成熟的直接民主，也必須將特定的職位或一定的職權賦予單一個人，例如在古典雅典，以及之後世的瑞士。從古典時代一直到近代並不採用選舉（以及和選舉綁在一起的多數決），而是廣泛使用另一套程序：也就是抽籤。在雅典和羅馬共和時期，都曾有過一段時間透過抽籤選出特定市民出任公職。在中世紀晚期義大利的城邦共和中，抽籤在決定領導位置的方式中，也占有一席之地。到了十八、十九世紀之交，隨著自由主義、代議制和競爭型的市場社會興起，選舉程序毫無爭議地大行其道。

但是，鑑於日益降低的投票率和社會不平衡的投票參與率（見第二十問），以及對「被選出的人民代表」喪失信任，選舉是否有其他替代方案這個議題再度浮上檯面。原則上抽籤程序和民主的理念十分相容，甚至它和選舉相比之下還有一些優勢。如果民主真的意味著人民的統治，那就必須每個公民都有機會擔任政治職務。反過來說，如果參與某種公共事務是公民在道德上的義務，那當他被抽到的時候，就不可以逃避。若以用這種方式組成國會或其他委員會裡的人民代表，那麼所謂的代議將會以另一種完全不同的方式呈現：所有人口當中隨機取樣，男性女性人數一樣多，無論是否具有移民背景，無論貧窮或有錢。對於學院議會和財閥政治（金錢統治）的批評將銷聲匿跡。抽籤程序的社會「盲目性」（Blindheit），接近平等與公平的理念。那玩笑性的問題：「如果你可以當一天聯邦總理，你要做什麼事？」頓時變成真實。

有個一般性原則也適用在國家政治上：在決定國會議員或政府閣員時，必須面臨種種門檻。如果沒有專業精神和辛苦培養出來的專業能力，就沒有辦法管理一個國家。信賴和信任的問題若沒有得到解決，就只能被推遲。一個透過抽籤所決定的市長，更不用說總理了，無法訴諸於選票獲得正當性，也無須對他的選民負責。政治的浪潮很難透過政黨進行集結。

但是，在地方的公民參與上，抽籤程序在過去幾十年已經證明其價值，例如作為公民審議「計畫細胞」（Planungszellen）[67]的參與機制。對於有爭議的問題，例如一個城市的交通規劃，擺脫黨派預先決定的人選，抽籤抽出男女公民，透過某種政治研討小組的形式找出具體的解決方案，提出一份公民報告書。這樣可以成功地讓那些將會受到決策影響的人參與進來，他們在過去可能從來不去投票，而且報告的結論通常有很高的可信度，有很大的機會可以實踐。

67 計畫細胞，德文又稱公民論壇（Bürgerforum）或公民審議（Bürgergutachten），是由德國學者彼得．丹尼爾（Peter Daniel）所發起的社會運動，強調單一公民在各種政府規劃、公聽會或審判過程的參與。

64 什麼是民主，什麼不是，還可以說得更清楚嗎？

過去世界劃分得很清楚，就像德國的分裂那般清楚：不是民主國家，就是獨裁國家，不是這個，就是那個。但在二十一世紀初我們就常常無法這麼確定，不只是對於非洲或亞洲國家如此，在看歐洲地圖時也一樣不確定。土耳其算完全民主嗎？如果不算，而它又明顯還不到獨裁（以二十世紀的「大」獨裁者們為標準的話），那麼它應該算是什麼？在匈牙利有基本人權嗎？義大利西爾維奧．貝魯斯柯尼（Silvio Berlusconi, 1936-）的執政又算哪一種？舊有的分類往往行不通，一方面是世界變得更民主了，也因此另一方面變得無法一目瞭然。民主的界線更加瀰散，其他政府體制的轉型也變得更加浮動。

政治學曾經提出一系列的概念，用來爬梳冷戰之後在超級強國二元論的世界秩序下，各種潮起潮落的政權形式，替它們找到更好的分類方式。通常在俄羅斯和伊朗可以看到普遍選舉，具備了有競爭性的政黨以及候選人，但嚴格來講又很難說這是自由選舉。形式上的自由選舉並不一定保證選出來的個人或組織，一定會遵守民主的基本原則：保障基本人權、保護少數族群、奉行法治國原則與權力分立。當天平仍然傾向民主的方向，學者就稱其為「有缺陷的民主」（defekte Demokratie）。而「嵌入式民主」（eingebetteten Demokratie）的概念顯示，民主僅能在許多要素相互作用中才會成形，其制度的核心需要很多要件，例如像自由的選舉制度，它需要透過自由的媒體、公民社會的組織、批判性的公民精神，以及其他種種的支撐。政治學者最近把介於民主與專制之間的混合形式稱之為「無體制政體」（Anokratie），但這個概念很容易讓人混淆，因為很容易把它翻譯為缺乏統治的意思。

政治秩序的典型光譜，也是經驗政治學的產物。從一九七〇年代起，經驗政治學藉由比較各國數據而興起，得出了各種指數，例如選舉自由、基本人權的保障或受教育的管道等等。所以，就如美國組織「自由之家」（Freedom House）的民主報告所稱，是一種漸進式的光譜，而非兩極化的範式。並不是「民主對抗獨裁」（Demokratie gegen Diktatur），而是挪威拿到一點、波蘭拿到兩點、土耳其拿到三個點，北韓不知得幾點。比起過去粗糙的區分民主與獨裁，透過這種漸進式光譜所產生的圖像更加貼近現實。那麼民主只有程度上的差異？

並不！我們還是可以很快得到共識：印度是民主國家，中國不是。而波蘭直到一九八九年才成為民主國家，自此之後毫無疑問一直都是。

VIII 民主做為一種生活形式

65 民主只是一種政治原則嗎？

民主是一種統治形式，更狹義來講，是一種政府形式，所以民主屬於政治的領域，屬於一個社會中政治組織的領域。但這個領域可以清楚地與其他領域劃清界線嗎？例如和經濟領域、教育系統、宗教領域或私生活？政治上的平等、自由，以及政治參與，都依種種社會和文化的先決條件而來。血緣所帶來的特權和個人在封建社會的從屬性必須消除，尤其是奴隸制。男人和女人不再只是都可以去投票，同時也可以平等的擔任公職。反過來說，民主的擴展也會回饋到社會和日常生活上，例如婦女與非洲裔美國人的投票權，引發了更廣泛的平等權和政治參與的相關辯論。

所以，怎麼可能有人得出這樣的結論：認為民主只侷限在政治和統治秩序呢？這種主張可以回溯到古希臘的傳統，例如亞里斯多德區分 Polis 和 Oikos，前者是政治的統治秩序，後者是在家庭、家務財政和經濟等意義之下的「經濟營生」（Ökonomie）。與此同時，雅典民主的自我理解中，有一部分是在於市民完全的自由，用今天的話來說，就是所謂民主的心態，這心態會塑造整體的生活方式。現代重要的民主理論也表明，民主就某種方式而言是一座橋梁，一方面銜接政治和政府形式，另一方面是普遍自由和生活中的自決。在自由主義的版本中，政府的作用只在於盡可能保障個人的生活不受妨礙。共和主義的版本剛好反過來：政治精神在於自由和參與，這是人們認同的基礎，而這種精神滲透到所有其他的生活領域。

民主作為生活方式的這種現代想法，是受到美國思潮衝擊的影響所致，儘管美國當時有奴隸制，隨後南方各州還有種族分離政策。一八三〇年代法國思想家亞歷西斯・德・托克維爾到美國旅行，驚異於一種總是「由下而上」的民主操作，這操作是從社區共同生活實踐中所產生，表現在各種社團、在社會與宗教的生活中。一百年後哲學家約翰・杜威（John Dewey, 1859-1952）繼續推廣這種想法，一九三〇到一九四〇年之間，當民主的政府形式深陷危機時，他呼籲從日常生活的根源進行革新。民主的基礎已經扎根在教育和學校裡，它需要公開的場域做為共鳴空間；民主並不是先在國家議會中實踐，而是先存在於鄰里、市區和社區的每日共同生活網路當中。Democracy as a way of life，杜威和他的同志們如是說：民主作為生活形式。

66 你能讓整個社會民主化嗎？

這個問題大約在一九七〇年代時，在聯邦德國就已激烈且徹底的辯論過。一些社會運動，如學生革命要求「所有生活領域民主化」，這個民主化的要求被中產階級圈子、國家法學者和政治學者所拒絕。政治學家威廉・亨尼斯（Wilhelm Hennis, 1923-2012）主張民主是政治領域的一個特徵，但不能擴展到大學、醫院或教會。回到亞里斯多德，他曾經定義政治是人類自由的特殊表現形式，而且遵循自身的規則和程序；而國家公民在政治上的平等，不能類推轉換為一種普遍的平等，完全泯滅老師與學生、醫師與病人、企業家與工人之分。實際上也有很多人說，如「系統理論」（Systemtheorie）所主張，不同的社會次系統遵循著不同的功能邏輯，同時也由其功能邏輯所主導。教宗和董事長的功能邏輯，就是和總理不一樣。

儘管如此，參與的強烈動機還是超越了狹義的政治範圍。非政治的生活領域民主化會是什麼樣子呢？在聯邦德國人們想要採取代議制的議會程序，例如大學改革，所有的大學成員選出委員會代表並且參與決定，就如公民投票。在美國剛好相反，因為美國的民主文化是建立在基層，深根在日常生活中，在那裡很少人遵循這種德式理念，即企圖透過選舉和代表機構對大學和企業等這類組織，進行「民主化」。沒有達成這種理想的通天大道。

與此同時，「所有生活領域民主化」的要求變得較為溫和，自一九八〇年代以來，代議模式不再是新政治動力的中心，而是化成基層的動員和民間社會的行動。最後，至少一直到一九七〇年代，日常生活中傳統的階層體制都還和國家公民的政治平等處於一種緊張關係，例如妻子從屬於丈夫，或者尊稱大學教員為「教授大人」（Herr Professor），但現在已經逐步消除。非官方的民主化已經超越了機構與組織的民主化。

67 什麼是經濟民主？

在工業化的時代，許多人無法理解，自由、平等、公民權和參與決策等，都被排除在大多數人一生當中花最多時間的地方，職場與工廠。從十九世紀中葉開始，就有愈來愈多大企業動輒雇用數百或上千的員工，打造了工業資本主義的經濟。企業主不僅決定了公司經營的主要路線，而且還以專斷、專制和家父長的態度，有如「一家之主」塑造了日常的工作環境氛圍。工人作為人的成熟完整性，中止於工廠大門前。

由此我們可以更接近一點勞工運動，理解為何他們的要求並不侷限在普遍選舉權、議會政府形式或是共和而已。即使在勞動的世界也不應保存有「君主制」，應該克服資本企業主的乾綱獨斷和臣民社會的特性。工人應該組織起來，在企業內設立利益代表，對工作條件、薪資和社會安全等事項，有參與決策的權利。這正是英國社會改革者西德尼·韋伯夫婦（Beatrice und Sidney Webb）在一八九七年那本極具影響力的《工業民主》（*Industrial Democracy*）所刻畫的願景。德國在一九一八年成為君主立憲國之後，升高了對經濟民主化的期望。很多人將一九二〇年「職工委員會法」（Betriebsrätegesetz）的通過，單純視為一個更廣泛「經濟民主」的前奏。但這個前奏最後斷絃了，一九三四年一月納粹分子在企業內部貫徹了領袖原則（Führerprinzip）[68]與國家控制。

聯邦德國重新採取了務實的工會運動與威瑪共和的社會政策，基本法第九條保障「結社自由」，組織工會的權利直到今日，仍然是民主的試劑紙。路德維希・羅森堡（Ludwig Rosenberg, 1903-1977）是一九六〇年代德國工會聯盟的主席，早在一九四八年他就主張要把「經濟的臣民」轉變成「經濟的公民」。他並不是指「布爾喬亞」（Bourgeois），那些資本體制裡的中產階級企業主，而是指那些在企業中日漸成熟的工人，這些工人的自我認知不會因為他們成為民主的「國家公民」就退縮回去。威瑪共和時代的經濟民主概念不久之後就退居幕後，取而代之的是「（工業的，企業的）共同決定」。

共同決定，在戰後早期鎖定的是企業民主化的這個「大」目標，也就是分享企業的管理權，藉此而不必走上徵收充公這條路。一九五一年的《煤鋼共同決策法》

（Montanmitbestimmungsgesetz）規定，在煤鋼工業等大企業內部設立一個資方與勞方都有代表參與且雙方平等的監督委員會。經過長久的爭辯，一九七六年決定將這個原則擴大到所有雇用超過兩千名員工的大型企業，但是若在有疑慮的狀況下，資方擁有決定權。與此平行還有一個職工委員會（Betriebsrat）[69]進行小規模的經濟民主，一九五二年新通過的新《企業組織法》（Betriebsverfassungsgesetz）規定了職場中共同決定的規範。

和經濟民主最初的目標相比，這些算不了什麼，但已經比大多數其他國家所實現的目標多了許多。而當前大部分人決定自己的經濟成熟度並不在於職場勞動，而是取決於他作為消費者的角色（見五十七問）。經濟民主之後由消費民主接棒，舊的概念逐漸消退。

---

68 領袖原則，亦即「無條件服從領袖權威的原則」，在德國納粹統治時期既是一種政治概念，同時也是一種宣傳方式。依此原則希特勒不僅在軍事上，而且在所有政治和法律領域擁有最高指揮權，沒有相對等的監督控制機制。

69 職工委員會，是企業內部的受雇者代表組織。和工會不同的是，工會的角色是談判與對抗，職工委員會則根據企業組織法，強調參與、監督與共同決定。在涉及勞動條件、雇用與解雇，職工委員會擁有共同決定權；涉及其他生產管理、環境保護等問題，職工委員會擁有知情權、諮詢權與建議權。

68 家庭的管理是否也必須民主化？

「家庭委員會」討論和表決下個夏天應去哪裡度假；爸爸不打小孩，取而代之的是用對話來解決衝突，並且尋求妥協。二十世紀末，民主也開始涉入私人生活，介入伴侶關係、家庭與兒童的教育。這種介入在古典希臘的民主制中，很可能會引起驚訝和憂心，而且也並不十分符合現代民主的基本理念：也就是區分私人領域和公共領域。希臘人將 *Polis* 和 *Oikos* 分得十分清楚，前者是民主的空間，後者是家庭和家務管理的空間。*Res publica* 是指公眾事務與其國家公民相關事項，幾乎可以理解為民主的同義詞。在二十世紀中葉以前，如果一個正直（男性）的民主人士在他自己家中，像個專制的統治者或是小一號的家庭君王，並不存在根本上的矛盾，特別是在德國中產階層裡這種傾向應該並不少見。

二十世紀對民主的要求愈來愈高，不再只是停留在（國家的）政府的形式，同時也要求落實在一般生活形式中，首先涉及的是公領域之間的關係：職場和企業、教會和大學。一九六〇和一九七〇年代時，這種要求也越過家庭門檻，涉入私人領域中，因為民主的普遍化原則應該不再有界限。（配偶）伴侶關係，意即性別關係，乃是新婦女運動的結果，這種對自我的自覺覺醒是民主改革運動的一部分。

如果我們要追問民主在政治之前的種種先決條件，那麼就有絕對的理由針對家庭仔細的觀察。獨裁和專制統治不是基於被訓練過的服從與接受命令的行為模式嗎？而這模式的性格特徵不就是從家庭教育中培養出來的嗎？法蘭克福學派的哲學與社會學者狄奧多・阿多諾（Theodor W. Adorno, 1903-1969），認為納粹主義最重要的根源是在於一種「威權人格」，而這種人格是在幼童時期透過專制的父親與家庭結構所養成的。民主教育遠遠超乎於單純的民主政治素養，而是著重在民主、平等與寬容的自由，以及在群體當中接受教育。六八學運的「反威權教育」，以特別激進的方式致力於實現這個理念。而在當前促進民主運動中，如對抗右派極端主義，毫無疑問地要著眼於孩童、青少年和家庭結構之上。

69 透明與民主有什麼關係？

透明成為我們這個時代的關鍵詞，因為不僅在政治上，且日常文化所遍及的各個領域都受數位化的影響所致。我們期待更多的公民參與、更開放的決策過程，與此同時害怕私人領域受到侵犯，害怕「玻璃公民」（gläsernen Bürgers）[70]被出賣給無所不能的國家或蒐集數據的公司。網際網路不是追求透明的催化劑，而是一個媒介，對民主政治日益增加的各種要求，在這個媒介上更為簡便地實現。政黨會議或是國會裡的委員會不應該再閉門舉行，只要透過網路的直播就可以讓每個人輕鬆自在的參與。雖然這些會議迄今為止常常是公開的，但有誰想要大老遠去一趟首都，只為了親身出席？

特別的是，透明這個關鍵詞表達出一種新的、擴展的民主心態。公民們不再允許當選的民意代表安然過到下次投票日，而是無時無刻都在觀察、了解和監督他們的作為。誰是影響政治決策的幕後黑手？這個關鍵性的問題，常常是針對利益團體、企業和遊說掮客對於政策的影響，就嚴格意義上來講是針對買辦政治的腐敗。一九九三年在柏林成立的組織「國際透明」（Transparency International），從全球的視野來反制腐敗。有興趣的公民可以透過網站「監督議員」（Abgeordnetenwatch.de）追蹤自己所選出的國會議員及其作為。這種種期望和行為方式不斷延伸深深地改變了現代民主。政治學者約翰．凱恩（John Keane）提到，代議制將會轉型為一種觀察和檢驗的制度，一種「監視民主」（monitory democracy）。

透明的界線必須重新檢討與協商，這不只是為了保護公民私領域，也是為了保障以及信任的空間。如果沒有了這種信任空間，民主政治將不可能達成。因為像薪資談判者、政治結盟策劃者或歐盟政府領袖，他們無時無刻都在進行協商，但協商過程並不是每個時刻都可以對大眾公開。針對特殊任務的委任加以持續控制，新近透過針對單一問題的問責制來緩和「自由的」和「命令強制的」授權界線。更根本的是由朱利安．亞桑傑（Julian Assange）「維基解密」（Wikileaks）的吹哨人，以及愛德華．史諾登（Edward Snowden）所丟出來的問題：

70 玻璃人（Gläserner Mensch），是德文一個關於個資保護的比喻，意思是個人有如玻璃，被政府或大企業看光光。這個比喻最初出現在一九八二年公共輿論對人口普查法的批判。

民主究竟是否可以存在祕密的機構或保密的訊息，特別是對情治單位而言。長久以來，這些保密的機構和訊息被視為理所當然，但是標準正在發生變化。

70 可以在大學中學到民主嗎？

許多人都想找「民主學系」（Demokratiewissenschaft）這樣一個獨特的專業科系，但不僅在德國，在其他許多地方也都徒勞無功，唯一的可能是雷根斯堡（Regensburg）大學最近提供了以民主學之名完整的碩士學程。儘管如此，對民主的學術研究卻其來已久，它可以上溯到希臘古典時期，特別是亞里斯多德的《政治學》。這本書可說是關於政治統治形式最經典的基礎入門書，從中世紀、近代，貫穿到當代，具有悠久的歷史影響力。對亞里斯多德來說，民主並不是特別好的出路，因為他懼怕人民無所節制的激情，特別是暴民的激情。在這個意義上，一直到近代早期政治都是實踐哲學的一部分，也就是關於幸福生活以及如何維持共同生活中良好秩序的問題。即使在今天政治哲學仍然致力於研究類似的問題，常常可以聽到某位哲學家宣稱他或她遵循「新亞里斯多德」的路線，也就是尋找一個良善又公正的秩序。

從十七世紀開始，在專制主義和啟蒙運動之間的緊張關係中，出現了解釋政治的新途徑；因為必須為國家培養公務員，所以德國的政治科學傾向於「國家」。「國家學」（Staatswissenschaft）包含了我們今日所稱的政治學、法學、哲學與經濟學等部分，而民主的理念、機制和實務在其中只占了很小的部分。早期的民主理論常常是由局外人所建構，例如尤里烏斯・弗洛貝爾（Julius Fröbel, 1805-1893），他是一位博學的地質學家；當然還有哲學家兼記者的卡爾・馬克思。直到威瑪共和時期，「民主」才在大學裡面占據席次，但仍然困難重重，因為很多民主理論的代表人物不是擁有猶太血統就是社會民主黨人。隨著一九三三年初納粹獨裁開始，在德國每一項「民主學科」都以解聘、移民或遭受迫害而告終結。

因此，西方同盟國，特別是美國從一九四五年開始，就想將民主帶給德國人，作為他們「再教育」計畫中的一部分，所以美國大力促成建立了政治學這一門新興學科。這個科系隸屬於社會科學院之內，因此不受具有反民主傳統的法律人、哲學家和歷史學者所影響。政治學作為專業學科應該具有兩層意義：它應該研究和講授民主，例如教授議會制是如何運作；同時捍衛西方的民主制度，以及在聯邦共和國所建立的民主體制。

自一九四五年以來，新方向的浪朝經歷一九六八年的抗議和改革運動之後，其他學科也跟進，將自己定義為是關於民主、支持民主的學科：特別是教育學，著眼在學習民主的價值與行為模式，除此之外還有歷史學。法學依然是基礎學科，其中歐洲法和國際法為民主注入新的動力，變得愈來愈重要。最近實務應用的傾向日益升高；以美國為模式成立了行政學院（Schools of Governance），提供必須實習的碩士學程，讓日後希望以政治作為志業的人具備足夠的資格，但並不一定要成為專業政治家。對從事這一行來說，雖然努力獲得的學術文憑可能有用，但是其實在大學裡面學不到什麼東西。

71 有民主式的建築嗎？

世界上沒有任何一個城市，像美國首都華盛頓那樣在市容外觀上如此炫耀民主；寬闊的街道讓人可以一覽的美國國會大廈，這裡是美國參眾兩院所在地，國會大廈透過大理石列柱以巨大的比例讓人對自由印象深刻。整個城市延續這種風格，使人不由自主地想到「雄偉」、「帝國」這類的形容詞。在歐洲的民主建築看起來更精簡樸實，特別是在一次世界大戰之後。「包浩斯」（Bauhaus）的建築師如路德維希・密斯・凡德羅（Ludwig Mies van der Rohe, 1886-1969）和華爾特・格羅佩斯（Walter Gropius, 1883-1969）使用鋼材、玻璃、混凝土，配合平頂屋和光滑的外牆，表現出平等主義的思想和社會改革的政治精神。一九四五年之後，聯邦共和國在他們臨時的建築設施中也開始跟進這種風格，如聯邦眾議院就設在波昂的前教育學院。一九六〇年，社民黨政治人物阿道夫・阿恩特（Adolf Arndt, 1904-1974）提出

「民主做為建築之主」。他主張應該以歷經過獨裁所展現出來的節制自信，以及一種精簡的形式語言來表現對民主的推崇，但是要兼顧表現力和規範性，達到兩者平衡依然非常困難。一九七六年新建的聯邦總理府為當時的宅邸主人赫爾穆特・施密特（Helmut Schmidt, 1918-2015，西德第五任聯邦總理）揮灑出「萊茵信用合作社的魅力」（Charme einer rheinischen Sparkasse）。但至今還稱之為紹姆堡宮（Palais Schaumburg）的聯邦總理府，則依循民主之前的舊名，並不適合新的共和國。

兩德統一之後，柏林作為新舊交替的首都，也面臨同樣的問題。聯邦議會應該遷回帝國議會大廈嗎？這只有透過美學上雙重的浴火重生才有可能；一個是藝術家夫婦克里斯多與珍妮・克勞德（Christo und Jeanne-Claude）對帝國議會大廈所作的景觀包裹藝術[71]，另一個是諾曼・福斯特（Norman Foster, 1935-）融進舊帝國議會大廈的玻璃穹頂設計。兩項美學上的翻轉結果就是，帝國議會大廈果真成為民主的象徵。這棟由保羅・瓦洛特（Paul Wallot, 1841-

71 克里斯多與珍妮・克勞德夫婦包裹柏林帝國國會大廈的計畫（Wrapped Reichstag），歷經多年遊說和規劃，在一九九四年獲得德國聯邦議會批准，一九九五年六月二十四日至七月七日將國會大廈完全包裹；除了美學價值外，這個空間景觀作品顛覆了國會大廈過去普魯士帝國——納粹極權的建築語彙，從籌劃到金屬織品的選材，甚至捨棄機械而用人力完成最後的包裹行動，每個環節以藝術方式帶來巨大社會政治的對話能量，展示統一後柏林人的民主思想，成為當代公共空間藝術著名的作品。

1912）在一八九四年所建的帝國國會大廈（Reichstagsgebäude）[72]，不再背負專制或獨裁的罪責；但在建造的當時，它卻曾被理解為民主的反城堡建築，德皇威廉二世明白表示，他只接受議會建在舊城城外，也就是布蘭登堡門以西的地方。對於納粹帝國亞伯特・施佩爾（Albert Speer, 1905-1981）以柏林南北軸走向為主，紀念碑式的「日耳曼尼亞」（Germania）[73]城市規劃而言，當代建築師亞克瑟爾・舒爾特斯（Axel Schultes, 1943-）以東西軸走向為設計的「聯邦鏈結」（Band des Bundes）[74]，連接上暱稱為「洗衣機」的聯邦總理府和議會各建築，則被視為是一份反納粹帝國的民主宣言。而東德當年的「共和宮」（Palast der Republik）[75]，也以民主的名義拆毀，其他獨裁統治的建築遺留也一併拆除。霍亨索倫王宮（Hohenzollernschloss）在原址重建[76]，但並沒有復辟舊皇朝的意思。

因此，民主建築的問題仍然是矛盾的。二十世紀中期政治美學所強調的重點在很大的程度上消失了，現今由勒・科比意（Le Corbusier, 1887-1965）設計的混凝土建築和壯觀的城市規劃，散發的是權力幻想的魅力，而不是人性化以及民主的透明性。如果一位民主領袖想要蓋什麼代表性建築物，就如一九八〇年代的法國總統法蘭索瓦・密特朗（François Mitterrand, 1916-1996）所做，他一定會飽受嘲笑，被批評為想過皇帝癮。

72 帝國國會大廈，是普魯士帝國成立後，為帝國議會開會場所所需而建。一八八四正式動工，大部分經費來自法國在普法戰爭戰敗後所支付的戰爭賠償。作為皇權制衡的機構，國會大廈並不為德皇威廉二世所喜，他曾批評這棟建築為「帝國猴子館」，品味庸俗。

73 日耳曼尼亞，是納粹時期柏林都市建設大計畫，由第三帝國首席建築師亞伯特．施佩爾負責。希特勒計畫在戰爭獲勝後，將柏林打造成南北軸走向的世界首都，但因戰事不利，停在紙上作業，只有很小一部分曾破土動工。

74 聯邦鏈結，是指統一後重建柏林，沿著施普雷河岸的聯邦級行政單位的建築群，其中包含了總理府和國會大廈。總理府因為特殊的圓窗設計，外觀上像滾筒式洗衣機，被暱稱為「洗衣機」。

75 共和宮，前東德人民議會所在地。

76 霍亨索倫王宮，又稱柏林城市宮（Berliner Stadtschloss），曾是普魯士王國和德意志帝國的王宮。一九五〇年被東德政府認定為軍事帝國主義的象徵而拆毀，二〇一三年決定重建，新建築將稱為洪堡論壇（Humboldt Forum），作為文化、藝術與學術之用，預計二〇二一年全部竣工。

72 十月三日（德國統一日）是民主紀念日嗎？

一九九〇年的統一條約第二條第二項規定：「十月三日是德國統一的法定紀念日」。所以，我們紀念的是國慶和國家統一，而不是自由與民主；但間接來講也可以算是，因為從德國歷史性風雲際會所產生的條約前言中表示，統一只有在自由、自決和民主之下才有意義和值得紀念。民族國家的統一和自由民主等目標，在國定紀念日中以激勵人心的方式融合在一起，這個融合貫穿了十九世紀和二十世紀，並藉此延續下去。另外一個激勵人心的例子是六月十七日，西德在這一天紀念一九五三年東德人民起義；這一天也被稱之為「德國統一日」，目的是讓人勿忘德國分裂成兩個國家，但如果你願意，這一天也可以紀念當年東柏林與其他地區的人們要求自決和自由選舉。

為什麼不更盛大、更直接地慶祝、頌揚民主呢？像五月二十三日就可能會被提出來，一九四九年的這一天公布了基本法，雖然不是法定紀念日，但五月二十三日這一天還是在公眾的認知和民主文化中，扮演了一定分量的角色。從一九七九年開始，這天也是聯邦總統選舉的三十週年紀念日，直到霍斯特．科勒（Horst Köhler）[77]的辭職打亂了整個節奏。還有今天已經遺忘了的威瑪共和的行憲日，曾經是國定紀念日：帝國憲法在一九一九年八月十一日公布，這一天從一九二一到一九三二年間都是國定紀念日。甚至還有很多人努力推動讓這一天再度成為紀念日，藉此強化對威瑪共和情感上的認同。反過來說，在十月三日的慶祝活動上，應該凸顯民間節慶和聯邦的傳統，這一天聯邦的每一個地方邦都會組織五彩繽紛的隊伍上街依次遊行。最後是五月十八日，這是紀念一八四八／四九年之間革命最高潮的柏林街壘之戰，始終有人提議應該將這一天也訂為民主紀念日。

因為歷經民主多次的失敗，尤其是因為納粹統治，在德國很難有讓人發自內心喜悅或自豪的慶祝活動，所以只有一系列「負面」的紀念日，不是讓人想起恥辱和痛苦，就是帶著深深的分歧印記。自一九八〇年代開始，一九四五年的五月八日從國家戰敗日重新詮釋成從獨

77 霍斯特．科勒，在二〇〇四至二〇一〇年之間擔任德國總統。二〇一〇年五月三十一日，他因為德國在阿富汗駐軍的言論受到批評而辭職下臺，新的總統在當年六月三十日選出，而非慣例五月三十一日，就是作者所稱的「打亂了節奏」。

裁統治中的解放日。一九六六年起，每年的一月二十七日是國定奧斯威辛滅絕營的解放紀念日，同時也是猶太人大屠殺的紀念日。而十一月九日則至少具有三種意義，因此也被稱作德國人的「命運之日」：一九一八年菲立普．謝德曼（Philipp Scheidemann）和卡爾．李卜克內西（Karl Liebknecht）鬧雙胞，在同一天分別宣布共和國成立；一九三八年在大迫害的夜晚（Pogromnacht）[78]，納粹終於放開手腳對猶太裔的德國人使用物理性暴力；以及一九八九年柏林圍牆倒塌，同時終結了東德共產黨的獨裁統治。這種複雜的巧合讓官方很難舉辦紀念儀式，也因此雖然有很多爭論，十一月九日依然並未訂為國定紀念日。儘管德國有很多關於失敗、罪責和恥辱的「負面紀念」，很多人抵制這種負面記憶已經很久了，但是在二十世紀末期，這些記憶也都成了民主紀念文化的一個重要部分。

78 Pogromnacht，臺灣一般翻譯為「水晶之夜」或「破玻璃之夜」（指猶太商店櫥窗被打破，夜晚反光猶如水晶），但這種講法有淡化暴力之嫌，所以現在無論德國學界或媒體一律稱為大迫害（Pogrom），Pogrom 亦有屠殺的意思，為了避免和猶太人大屠殺（Holocaust）混淆，故翻譯為「大迫害」。

73 網際網路是否推動了民主？

在網際網路促進民主之前，新的科技和通訊手段就早已在推動民主。約翰尼斯・古騰堡（Johannes Gutenberg, 1400-1468）發明了活字版印刷，引起了一波媒體革命。他的發明成為現代報刊和公眾輿論的先決條件，並且為廣大的大眾階層打開了閱讀之門。我們這個時代的網路革命，也標誌了一個類似深刻的轉捩點，許多後續影響現在還未可知。首先，網際網路是一項技術，它讓個人化成為可能，同時又提供了大規模同步即時參與的可能性——不再只是像廣播與電視那樣被動吸收，而是（自從 Web 2.0 之後）可以主動反應和對話。它建立了一種新的公共輿論方式，使得一個人無論身在何地，都可以參與在其中與之對談，僅就這一點，就具有促進民主的效果。專制政府如中國也因此害怕網際網路，試圖控制它，或者封鎖部分網路。

政治的進程也可能因此而改變，但是否會觸及民主機制的核心，顯然值得懷疑。如果大家都能上直播並且一起討論，那還有出席國會或黨代表大會的必要嗎？原則上是不用，但在某些情況，親自現身和本真性（Authentizität）大概也同樣不可或缺，就像參加家庭聚會。更切合實際的是，未來選舉和公投都將數位化——我們不用再去投票所用紙筆圈選，透過部落格或推特、臉書之類的社交媒體的政治討論將更簡短、更快速，但有時也會變得更加粗暴。相對於數位化的圓桌聚會，很多媒體和網站上的評論功能提供了更多的參與和創造力。

今天看來最重要的是：網際網路徹底革新了知識的結構和可用性。英國哲學家弗朗西斯·培根（Francis Bacon, 1561-1626）早就意識到：知識就是力量。一旦知識（和科學）不再是一小撮菁英或統治階級的特權，就啟動了社會的民主化。十八、十九世紀具有啟蒙性的百科全書和市民階層的會話辭典（Konversationslexika）[79]打開了通往一種自由智識文化的大門，這種源自於知識進步的文化導出了政治解放的要求。現在，線上百科全書「維基百科」（Wikipedia）拆毀了高牆，用「群體智慧」的方式，取代了權威性的專家原則。正如在民主中的政治統治應該遵循的構成原則：由下而上透過所有人的參與，並藉由網際網路之助來傳播知識；而特權化的權威將再無話語權。

但相對而言也有新的威脅。自由與民主的敵人同樣也使用網際網路，可能是恐怖組織或是專制政府。更重要的是，他們可能隱身在民主社會當中，掏空自由以及侵害基本權利。就像公共輿論一樣，隱私的保護也標示了一個民主相當重要的價值，所以當公司企業和政府機構學著像情報機構一樣，為自己的目的蒐集和評估數據時——特別是公民們有時過於輕率所遺留下的數據——那麼資訊自主的基本權利就處於危險之中。總而言之，儘管這波技術和通訊革命是如此深遠，但目前暫時還表現得相當平靜：網際網路既沒有廢除民主和自由社會，也沒有把民主帶到一個全新、天堂般的局面，但是它使得社會和文化更加開放和平等。

79 會話辭典，是十八世紀流行的辭典式工具書。這種辭典是為了讓人在沙龍聊天提供談資，內容包羅萬象，算是另類的百科全書。

IX 歐洲、西方、世界

74 歐洲是民主的搖籃嗎？

「舊大陸」喜歡這樣看待自己，作為民主聯盟的歐盟也藉由這樣的背景，試圖創造歷史的正當性。一旦有人提到西元前四、五世紀的雅典民主，無論如何都和一個薪火相傳不間斷的民主不相關，更遑論一種直接線性發展的關係：經歷幾世代的古典民主之後，隨之而來的是超過兩千年的部落社會、貴族統治和王權。與此同時，古典傳統一再被重新創造，並且再次傳承下去，儘管從中世紀以來，阿爾卑斯山以北，人民統治在很長的一段時間裡並沒有扮演突出的角色，甚至在德國，一直到二十世紀的重心都還是放在教育和美學的理念，而不是平等政治與自由。除此之外，古典希臘人也不認為自己是早期歐洲的中心，至少不是我們今天地理政治劃分下的（半）大陸意義。他們的生活視野是地中海東部的世界，這廣泛的區域就是日後和「西方」（Abendland）舊歐洲試圖做出區分，而被稱之為「東方」（Orient）之地。

即使是著眼於近現代的歷史，歐洲搖籃的說法也很脆弱。自美國獨立革命以來，尤其是到了二十世紀，沒有橫跨大西洋的交流，歐洲的民主是不可想像的。過去一百年當中有很長一段時間，歐洲看起來更像是民主的臨終病榻而不是搖籃。英國歷史學家馬克・馬卓爾（Mark Mazower, 1958-）在《新黑暗大陸：從文明的曙光到21世紀歐洲》(*Dark Continent: Europe's 20th Century*）書裡寫到：民主之光熄滅了。納粹德國在一九四二年讓絕大部分的歐洲臣服於它的暴力統治；而一九四五年之後，共產獨裁政權在歐洲東半邊興起，維持了四十多年。當然，現代民主的創生，以及持續至今的發展，歐洲都具有相當大的分量。但歐洲同樣也是殖民主義和種族主義的搖籃，一種極權主義的獨裁類型發動了戰爭，進行種族滅絕。如果歐洲人想要為「他們的」民主感到自豪，就必須理解其中極端的反挫和扭曲。

75 歐盟是否有民主逆差？

針對黃瓜彎曲角度，布魯塞爾的官僚們再度制定了一個荒謬的法令[80]！歐洲在制定政策的時候，總是越過它的公民一意孤行，不是只有德國人，很多人都有同樣的感受。民主逆差（Demokratiedefizit）[81]這個關鍵字指的就是這個概念，但進一步細究之下，卻有許多歧義。與基層民眾脫節的政策，這種說法也被用來詬病德國國會議員，而在美國則是成為對華盛頓政治圈質疑的一部分。的確如此，歐盟議會即使經過巨大的努力進行整合，並且在一九七九年首次直接選舉之後很長一段時間，歐盟體制的建構依然跌跌撞撞。歐盟議會設置在史特拉斯堡，各機關卻分散到不同的城市，讓行政部門山高皇帝遠，這並不符合監督議會的古典觀念。終究在二〇一四年的選舉強化了議會，同時也對多數席次增強了必須承擔責任的機制。

但是，實權還是一如既往掌握在各個國家與政府首腦手上，重大決策出自於他們在歐洲理事會的決定。

在德國較為特殊的是，聯邦國制的規範造成了民主逆差：「基本上」歐盟的運作必須如同一個聯邦體制的民族國家，也就是比照聯邦德國的體系，但提高一個層級，亦或是以美國為師的「歐洲合眾國」。這也符合德國自身的歷史經驗：不僅僅是出於聯邦制，同時還包含民族國家的極限，及其所承受的民主風險。但很多成員國對歐盟運作的看法不同，英國人可能不太情願放棄民族國家的主權，因為對他們來說民主的核心就在西敏寺議會；而來自東歐的新成員國，如波蘭想要先確保和守護他們得來不易的民族式民主。在德國，聯邦憲法法院為歐盟的聯邦國民主化劃定了清楚的界線，因為基本法規定人民主權乃是不可揚棄。憲法法院認為，只要沒有歐洲民族這種民族的存在，那麼歐盟議會就只能維持著一種各成員國彼此之間的代表大會，而不是真正的民主國會。

80 黃瓜彎曲尺度法令（Gurkenkrümmungsverordnung），是一九八八年歐盟通過的一項分級法令，規定在歐盟販售的黃瓜，其彎曲程度最多只能從十毫米到十厘米，這個法令後來常常被歐盟批評者作為諷刺歐盟的官僚體系的例子。這項法令最後在二〇〇九年廢除。

81 民主逆差，是德國學界的流行語，亦稱為「民主赤字」，是指自詡為民主的機構，但缺乏基層參與，決策過程不透明，因此產生了正當性問題。這類機構，民意的流入小於政策的產出，入不敷出，故稱之為民主逆差。

德國最高的司法機關則是在傷口上撒鹽。從長遠來看，是否要取法美國一七八七年聯邦憲法的訴求：我們人民（We, the People），以便改善民主逆差，歐洲人必須在這一點上取得共識。聯邦憲法法院的觀點並沒有充分考慮到，歐盟的民主是在全新的歷史道路上發展起來的，古典的概念如民族、國會和主權無法全然描繪它。歐盟很可能在很長一段時間內並不會成為聯邦國，但它不僅僅是一個很多國家組成的聯盟，而且會以它自身的民主方式發展成一種獨特的實體。

所有的民主逆差都不應忽視：歐盟是一個民主的聯盟，它責成各成員國遵循法治國的民主，監督各成員國是否依照法治國民主的基本規則運作，在必要時進行制裁。一九五〇年代草創期，這種顧慮是針對德國，期望透過歐洲整合的方式不再重蹈一九三三年撕裂民主的覆轍，而成為歐盟會員國的願景，即使可能只是為了經濟利益，卻自此促成許多歐洲的後獨裁國家一再地致力於民主化。

76 這個世界有多民主？

關於這個問題永遠吵不完，但我們可以在世界地圖上得到一個粗略的概念：地球上有多少國家統治是民主的？生活在自由或不自由的政治條件之下的世界人口比例各是多少？民間學術機構，如美國的「自由之家」已經蒐集了長時間的數據，可以藉此了解過去幾十年來的趨勢。鑑於很多混合或過渡的形式，若是只把國家分成民主或是不民主兩種形式，可能會有認識上的風險，甚至常常造成誤導。這種區分通常是以自由的選舉系統來衡量，也就是說「選舉」是民主的核心，如果我們採用其他的指標，例如民間社會的動員力或社會國的權利，會導出一個分布廣泛的光譜，其中斯堪地那維亞諸國常常列居榜首，而有些人還會記起冷戰時「自由」與「不自由」政權區分的樣板。儘管有這麼多保留的意見，人們還是有權要求一個相對明確的答案：到底有多少國家是民主的？

根據「自由之家」統計，二〇一三年地球上有一百九十五個國家，其中有一百一十八個是（選舉）民主國，占了百分之六十一。這也大致符合居住在自由（百分之四十三）與部分自由（百分之二十三）條件之下的人口比例。無論從國家數量還是人口數來看，這畢竟是明顯的多數，傾向三分之二的趨勢。但這背後隱藏著複雜的條件，必須對民主制度和自由的生活方式審慎守護，就像瑞士或瑞典的例子。無論如何，這和富裕和窮困無關：印度一直都是一個穩定的民主國家，但仍然存在極端、甚至大規模的貧困。在富有國家中比較常出現民主體制，但也有很多擁有豐富資源的獨裁國家，如沙烏地阿拉伯。

主權國家的數目在二十世紀中增加了好幾倍；同時，全世界的人口也一樣增長（一九〇〇年：五十七國，世界人口十六億）。這讓預測歷史趨勢變得困難，但毫無疑問地，整個世界從一百年前，第一次世界大戰開始，變得更自由、更民主。（特別是我們經常忘記，把民主制本身的民主化也計算進去，例如婦女選舉權。）一九八九年東歐變天前夕，所有國家中民主國家的比例才百分之四十一，而不自由的世界人口比例從那時候起則下降了十個百分比。由此可以得出科學的推測，民主的優勢在未來將進一步擴大，但這並不是百分之百的預測。

著眼於各大洲或地區又會得到更加不同的圖像。歐洲在二十世紀末除了東部邊緣，幾乎全部都已民主化。這同樣也適用於美洲兩個大陸，包含拉丁美洲，終於結束了漫長的專制和軍事獨裁。東亞和東南亞也有明確的進步，但西亞和非洲大部分地區依然是民主化困難的問題區。必須要再強調的是：這樣一個粗略的定位分類乃是不得已的，無法說明當地民主的成因，也無法說明民主的質量，更無法說明它們在舊核心問題當中的新危機。

77 民主有多西方？

天下四方總是和特定的空間或區域息息相關，並且伴隨著文化價值的評斷。南邊義大利靴子形半島就和不列顛群島有所不同；講到北邊我們就聯想到冷靜和頭腦清楚的人，而東邊就是陌生和可疑。全球下的西方常常被認為是民主的起源和核心區域，但要劃定它的邊界實在很困難，因為這個邊界在歷史上一直是浮動的。長久以來大家都說黃昏之地（Abendland）與日出之地（Morgenland），西方（Okzident）與東方（Orient），但是直到二十世紀，西方的想像和概念才獲得貫徹，尤其是一九四五年之後，兩大超級強國在冷戰的標示下，和他們「西方」與「東方」盟友結盟。但是在一九九〇年之後，特別是從二〇〇一年九月十一日起，西方的對立面愈來愈常指向近東與中東，而不是莫斯科。

把民主和自由理解為西方的，並且把自己和東方傾向於專制和不自由劃分開來，這種區分觀念興盛於十九世紀，並且持續回籠。而這樣的區別，絕不僅僅只是西方傲慢的表現而已，這也可能是有意識地被用來對抗西方世界的工具，把民主和自由醜化為頹廢的、資本主義的、不道德的和膚淺的。很多德國知識分子和保守派人士在德意志帝國結束時和第一次大戰期間，就是這樣看待民主。他們捍衛所謂更高級的德國文化和君主威權政策，反對西方的文明和民主。在納粹之後，聯邦德國也成了西方世界的一部分：不只在政治上，也反映在心態和生活觀上。一九九〇年之後，波蘭和波羅的海諸國也處於一樣的情況。世界上沒有其他地方比德國的民主更緊盯著西方的理念，歷史學者海因里希．奧古斯特．溫克勒將其描述為「邁向西方的漫漫長路」，藉此表達德國在通往自由民主路上的艱困。

這顯示：在激烈反民主、把民主當成西方強迫手段而加以抗拒的地方，民主依然能落地生根。但這並不意味著現代民主是在西方發明出來的，不然我們要怎麼描述夾在西歐和北美的北大西洋區域？理念、機構、社會運動和文化實務上的重要創新，確實是從英國、法國和美國這三角開始，這一點很難反駁。與其他民族和「種族」的區分，是內建在西方民主建立階段，並且彰顯在實際實行殖民主義中，但如果沒有東西方彼此交織和移轉的過程，民主不可能孤立地發展。從二十世紀晚期以來，非西方世界的發展對於西方核心區域，意即歐洲與北美的回饋影響日益強烈。像基層民主設計和地方財政——「參與式預算」（Bürgerhaushalts）的理念，出自於巴西愉港（Porto Alegre），從那裡傳播到歐洲。城市地區新的抗議形式「阿拉伯之春」（Arabische Frühling）是西方世界的後繼者，對於年輕人來說同時也是先鋒和全球化的先驅者。而「西方」和「民主」的刻板連結也開始流動。

78 我們可以出口民主到其他國家嗎？

阿富汗和伊拉克應該以西方為師建立民主系統，這個問題在二〇〇一年九月十一日之後、美國和他的盟友在對抗伊斯蘭恐怖主義、推動政權改變時，變得迫在眉睫。民主有一種傳教士般的使命感，超越了自己的國界；民主深信自己比獨裁和專制的系統更加優越。這種使命感在美國的政治文化當中，特別根深柢固，並且對二十世紀的歷史有著重大影響。在「第三帝國」崩潰之後，西德人和與納粹德國結盟的日本人都因此而受益。作為占領區，民主如何可以長時間地實行？以空運貨櫃那樣的意義比喻而言，出口民主作用並不大，德國的經驗顯示，強勢的自我文化和自己作為行動者才是真正重要的民主推手。

但是這種擴張民主的努力，難道沒有違反不干涉其他國家內政的原則嗎？這個原則是根據一六四八年《西發里亞合約》（Westfälische Frieden）所謂的祖父條款（德文

Bestandsgarantien，英文 grandfather clause）[82] 提出的保障，也被稱之為「西發里亞秩序」，在第二次世界大戰之後幾乎神聖不可侵犯。在超強核子競賽的陰影當中，政權的秩序和邊界絕對不能被碰觸。但從一九七〇年代開始，隨著全球人權理念的發展，人們對事情的看法改變了，干涉幾乎被認為是道德義務。至少在其他國家的人民只要是為自己爭取自由和民主，就應該得到既有民主國家的支持，即使會得罪當地的掌權者也在所不惜。

現在大家不再提民主出口，取而代之的說法是推動民主（democracy promotion）。這種比較軟性、低調的說詞，最初並不是針對某些國家在其他地方建立民主政權的官方業務。推動民主是以雙方民間社會中給予與接受的行動為基礎。來自「民主強勢」國家的團體和組織，試圖支援和強化「民主弱勢」國家中的社會行動者。在二〇一一和二〇一二年之間的「阿拉伯之春」中，我們可以觀察到這個現象。在南歐國家，如西班牙在一九七〇年代軍事獨裁政權的轉型，以及在拉丁美洲一次又一次的民主轉型，聯邦德國的基金會如弗里德里希・艾伯特基金會（Friedrich-Ebert-Stiftung）與康拉德・艾德諾基金會（Konrad-Adenauer-Stiftung）都扮演了重要角色。全球推動民主也是海因里希・伯爾基金會（Heinrich-Böll-Stiftung）的工作重心。西方國家和組織在手段上變得更加溫和，但他們在政治道德上要求普世民主和公平的生活條件，卻更加增強。

82 祖父條款，意指舊有存在的事物不受新通過規章約束，亦即「不溯既往原則」。

79 民主是一種普世原則嗎？

啟蒙的理念總是一副理所當然的樣子，高調主張自由、平等和解放，一體適用於所有人、任何地。但現實往往是另一種樣貌，例如是否認真的平等對待所有膚色的人，或是一個歐洲國家頒布它的殖民地法令。但是愈啟蒙、愈激進，信念愈向「左」靠攏，普世主義的立場也就愈強烈：民主不是只屬於住在歐洲和美國信仰基督教的白人，而是屬於所有人。而愈保守、世界觀愈向「右」靠攏，就會有愈多的文化保留：其他的種族、其他的宗教、其他的文化屬於比較低等，必須要被統治，或者以它們完全另一套的「本土」規則來管理。

這種想法出自啟蒙時代，從十八世紀一直貫穿到二十世紀。過去幾十年反對普世的世界觀，建立在認為其他人愚蠢、不具備駕馭自由能力的偏見上，而這種偏見本身就很愚蠢。但因此，民主就是普世的嗎？從另一方面來說，現在很多左派人士對這觀點持保留態度。他們認為必須尊重不同民族和文化的獨特性，尊重對於宗教、國家、性別關係、衝突與共識種種不同的想法；而且認為民主的理念也只是在一個完全特定的文化之下形成，在歐洲也不是只有正面的效應。這是「文化主義」（kulturalistisch）的立場，代表性人物如比利時的政治學家珊妲·慕孚（Chantal Mouffe, 1943-）。和慕孚一樣，尤根·哈伯馬斯站在民主理論中馬克思主義傳統的立場，這位法蘭克福學派的哲學家也是一位不折不扣的普世主義者。對哈伯馬斯來說，民主的原則不僅對於適用的首發地區有效，且應是無遠弗屆，因為民主的原則是基於人類內在本質的理性與理解規範。

對於全球民主政治的實務來說，這類理論爭議並不是那麼重要，現實上打破了許多明顯的區分。很多非洲和亞洲國家，儘管並沒有完全轉型成民主，但他們也能接受選舉和議會制，同時又未放棄自己的社會與文化規範。或許這類普世主義或文化主義的爭議本身，就是一種西方觀點。印度裔的美國經濟學家、同時也是諾貝爾獎得主阿馬蒂亞·沈恩（Amartya Sen, 1933-）說，他不問西方允許什麼和不准什麼，而是問人們想要什麼，並且表示：世界各地所有人無論是在個人生活的管理上或是在政治上，都有權享有尊嚴、自由和自決的權利。也就是說：民主乃是普遍權利。

80 中國會不會有一天變得民主？

中華人民共和國過去幾十年的發展和全球息息相關，特別是從一九八〇年代鄧小平的改革開放政策以來，不只是攸關於經濟觀點中的全球利益。工業化的地區、超現代的百萬都會、快速興建的基礎設施，以及迅速發展起來的中產階級的富裕，讓中國在很多方面都已趕上、甚至已經超越西方。隨之而來的，難道不是政治上的開放嗎？在歐洲與北美的經驗中，資本主義、民主與市場經濟的擴張，儘管彼此之間有許多緊張關係，但往往是共生的（見第八十四問）。這是一種特殊的西方連結，還是一種普遍的關聯？對於這個問題，中國的發展是一個測試案例，答案仍屬於未知。

在某種程度上，這個假設已經得到證實。因為從封閉的一黨獨裁與毛澤東「文化大革命」時期的野蠻教育和暴力孕育出的政權，這個政權的名稱以及自我理解雖然是以共產黨之名，也還堅持所謂黨的領導，但已經和二次世界大戰之後史達林的蘇聯與其衛星式的專制統治——包含東德在內——有了明顯的不同。它的國界打開了，它的年輕菁英在美國就讀大學；在大都會的生活方式很寬鬆而且「西式」，乍看之下和亞洲的民主國家如日本或南韓毫無區別。所以，真的需要多黨制、多元的選舉和競爭式的民主嗎？如果中國的自由化持續下去，超越了消費取向的生活方式，可能會形成一個開放自由，但是缺乏西方民主機制核心的社會。

正是這條文化和政治的界線，迄今仍然受到政府嚴密地監視。網路不自由，公民維權人士被逮捕下獄。總是發動新的反腐敗運動來試圖解決一黨專政的無效率與正當性匱乏的問題，但是民主的透明度和真正的權力分立卻是完全不一樣的東西。基於儒家文化的傳統，強調共識而不是衝突、強調集體而不是個人，就因此認為中國文化不同於西方文化；這種講法只具有部分說服力。因為即使在歐洲，尤其在德國，衝突和個人主義乃是可以學習的，也是必須學習的。有一種協商式民主模式（見第九問），能夠適用於共識取向的文化。除此之外，其他的東亞國家與文化，如日本和韓國也都成功地邁出民主的步伐。最後，在中華人民共和國也有過民主運動，發生在一九八九年六月北京的天安門廣場，最後遭到血腥鎮壓，這件事成為創傷式的恐嚇持續至今。所以中國可能會持續逐步開放，卻止步於民主機制的界線之前，在法律的安定性和法治國方面可能會有所進步，但這只是最可能的狀況而已。

81 伊斯蘭和民主是否不相容？

二〇一〇年十二月，突尼西亞爆發了革命暴動。次年一月，「阿拉伯之春」運動遍及北非，擴散到埃及，並且向西亞傳播，包括了近東和阿拉伯半島。這次抗議是針對半封建的君主制以及專制的總統政權，如埃及的穆巴拉克、敘利亞的阿薩德，並且讓當代最受注目的獨裁者穆安瑪爾·格達費（Muammar al-Gaddafi, 1942- 2011）倒臺。革命運動在歐洲受到廣泛的同情，希望這個地區能夠有更多的民主。同時，在這背後始終存在著一個問題：塑造阿拉伯世界的伊斯蘭的宗教和文化是否有實施民主的能力？原教旨主義的教派，如埃及的穆斯林兄弟會，藉著這一波抗議和動員獲得喘息的機會，他們原本都受到專制的世俗政權所壓制。

關於伊斯蘭是否有能力實施民主的問題，乃是和西方新一輪對抗的結果，這種雙方的對抗被山繆·杭亭頓（Samuel P. Huntington, 1927-2008）稱之為「文化衝突」。在衝突的背後是去殖民化的後續效應，也就是西方霸權在東方（Orient）的瓦解，以及伊斯蘭政治的轉變。對雙方來說，一九七九年伊朗的伊斯蘭革命是一個關鍵事件。塔利班在阿富汗的統治、蓋達組織的全球恐怖主義，以及新近的恐怖主義民兵「伊斯蘭國」，都在這段時間成為部分伊斯蘭地區極端激進化的象徵，並在那些地區透過反西方為導向的信仰，提出進行直接政治實踐的代理要求。

雖然這類傾向不代表大多數穆斯林，但是對於轉向民主的機會、人權要求，以及區域穩定還是造成極大的破壞。而無論哪一個伊斯蘭教派看起來都和民主的政府形式只有很小的交集。這或許更像是一個區域問題，而不是宗教問題：殖民的遺緒、古老的社會結構和虛弱的建國進程，多多少少都對阿拉伯地區的政治發展造成阻礙。在那些政治上與軍事上與西方關係良好的地方，例如沙烏地阿拉伯和阿拉伯聯合大公國，就會有一部分地區特別落後和仇視民主。東南亞國家，如馬來西亞和印尼則顯示，民主在伊斯蘭人口占多數的國家仍然是有可能的，不僅僅只是形式上的選舉民主，而是在一個半開放自由的社會意義上。儘管如此，伊斯蘭世界在很短時間內得面臨一個學習歷程，是基督教世界和西方國家花了幾百年才學習到的東西：理解世俗與宗教領域兩者的分離、放棄特定宗教的絕對性主張，以及承認宗教自由與性別平權。

82 未來會有一個世界民主嗎？

或許世界民主的前提是，首先全世界所有國家都有一部民主憲法。但先撇開這一點，單從十八世紀晚期以來，對一個全球化的民主與和平秩序的期待，就激起了許多想像力。二次大戰期間以及戰後不久，這種願望達到最高潮。在一個新的暴力形式，以及德國企圖以反民主和種族主義統治世界的陰影之下，這種願望並不是偶然的。知識分子及作家如托瑪斯．曼（Thomas Mann, 1875-1955）以及隨後他的女兒伊莉莎白．曼．博格瑟（Elisabeth Mann Borgese, 1918-2002），都曾致力於建立世界政府和世界憲法。一九六〇年代，這類烏托邦想法已經超越地球層次：美國科幻影集《星艦迷航記》（Star Trek）中展示了未來的和平秩序，劇中「企業號太空船」受「星際聯邦」所託，探索宇宙。

但從那時候開始，幻滅感也隨之擴散。若真有通往世界民主之路，絕對遠比原初預想的更長、更複雜。民族國家，在二十世紀中期被認為是內部自由與國際理解的障礙（通常都有充分理由），卻在一九八九年之後，不僅出於一種自我宣稱，實際上在世界許多地方，包含中東歐都重新被認定是自由憲政的主要框架與擔保者。但在歐洲的層級上，合作與整合並不在一個準國家的世界秩序中進行。世界民主的理念，若比擬於建構一個民主民族國家的想法，需要有一個世界民族、世界議會和世界總統，這樣想法至今尚未證明可行，未來更是極不可能。

作為國際聯盟的後繼者，至少還有個聯合國，它是一九四五年出於記取民族仇恨和兩次世界大戰經驗而成立的。在一個不具有整體民主的世界中，儘管面對所有危機，也受限於行動範圍，聯合國依然宣稱自己就是實際存在的世界民主。英國歷史學家保羅・甘迺迪（Paul Kennedy, 1945-）將它稱之為「人類的議會」，他所指的不僅是會員國代表的集會（雖然它離真正的議會還很遠），更在於象徵意義之上，聯合國組織和它的相關機構交織出來的網絡，建構了附屬於旗下的全球共同生活規範。除了維護和平的目標之外，聯合國在一九四八年十二月十日快速地通過了「世界人權宣言」，確保基本人權、教育、飲食和健康，並且列入聯合國具體的世界政策要點。雖然聯合國既不是民主國家，也沒有義務促進它的會員國建立自由民主的政府形式，但其內部憲章依然表現出一種「後古典」民主的特徵：恰恰就在於組織架構的非均衡性，以及議會之外的管理機構占有重要地位，而這種特徵也同樣出現在民族國家中。

83 什麼是好的政府管理？

這是國際政治新的通關密語，而且並不限於狹義的政治，因為良好的管理，如英文術語good governance，同時也是經濟領域裡企業領導的標準，用以衡量大型組織的效率。重要的是管理和領導的基本規則：避免腐敗，也就是避免菁英恣意地自肥卻讓人民買單，以及透明與負責等原則。我們可以更「技術性」的理解這些標準，它是作為機構安全的機制，以提升政治與經濟的效率為目標。但常常會有一種倫理的論調引起共鳴，認為「好的政府」是一種規範性的標準，尤其是出於哲學倫理的基本問題，涉及「好」這個人畜無害的字眼，也就是探究什麼是好的生活。

從一九九〇年代開始，國際組織如世界銀行、國際貨幣基金會和聯合國，都將「好的政府管理」寫進規章，作為他們制定政策的準繩，特別是關於第三世界國家的經濟支援與財務援助。只有在確定獨裁者和他的黨羽不會把經援拿來蓋別墅和買船隊，才會提供貸款；與此相反的是，人民必須因經援而受益，例如修築道路或是建立一個更好的醫療系統。就這點來說，在國際和發展政策上所謂良好的管理，考量的並不是一個完美無瑕的統治技術，而是同時也包含了具體的成就，用來衡量是否對人民生活有所改善。

這些都和民主風馬牛不相及嗎？簡單來說：為什麼我們不乾脆一起呼籲建立法治國、自由選舉和權力分立，反而要求比較沒有拘束力的透明度和問責制呢？是因為大家不想在國際的舞臺上冒犯專制政權嗎？事實上，這想法是出自於經驗而採取的保留態度：不要將西方民主當作標準套餐強加給非西方國家。更重要的是因為認知到，民主所仰賴的規則大部分都先行出現於歐洲的歷史上。可靠的文書記錄管理、法律的拘束力、有規範的預算計畫——在近代初期歐洲國家就已經發展出這些規則，而失敗國家（failing state）至今依然欠缺這些。從這個角度來看，良好的管理政策對於促進民主也很有效，西方民主的標準仍然可以視為是一個透視的基點。但這可能也會引起另一個問題。正因為「好的政府管理」其檢驗標準大部分出自於西方國家，即使是以一種更溫和的形式出現，也會被當事國認為是後殖民的控制手段。因此，「好政府」這想法反映了西方國家之外，一個全球民主化的希望與矛盾。

X 民主的困難

84 資本主義是民主的敵人嗎？

跨國企業對於坐困愁城的國家政治坐視不理？股票和金融市場是否會像二〇一一年歐債危機時一樣，驅動國會和民主政府來當擋箭牌？資本主義是為自由開闢了迴旋空間，還是限縮了自由？資本主義（或市場經濟）和民主的關係，屬於二十一世紀初期最熱門的爭論問題。有些人認為，資本主義的擴張基本上會危及民主的未來。聯邦德國總理安格拉·梅克爾（Angela Merkel）在二〇一一年九月提出「與市場同步的民主」（marktkonforme Demokratie），現在這個偉大的承諾恐怕得面臨縮水。

讓人訝異的是，在這場爭論中各種觀點南轅北轍，而且不是最近幾年才開始出現。一方面民主和市場經濟乃是不可分割的，市場經濟雖然沒有寫入基本法當中，但是可以從它對自由的理解與對「何謂人」的認識當中導出。無論如何，隨著社民黨在一九五九年所提出的

《歌德斯堡綱領》（Godesberger Programm）[83]，市場經濟已成為聯邦德國的基本共識：就是所謂的「可能的話，市場（的自由）愈多愈好；除非必要，國家（的介入）愈少愈好」。最遲到了一九九〇年代，連綠黨也認同了這項共識。但與此形成鮮明對比的是，也存在很多對市場與資本主義抱持懷疑態度的各種論調，有時候在知識分子之間這些論調特別受歡迎，但是都離政治光譜的中間很遠。

從歷史和系統的角度來看，這兩個立場都是正確的。資本主義和民主曾經共同發展，共同對抗封建主義和階級社會。它們共享了一些基本原則，如個人自由、法律之前人人平等。對兩者而言至關重要的是扎根於一個法秩序之內，這個法秩序應該遠遠高於任意性和個人喜好，並且高於讓各種「提供者」公開角逐的競爭原則，這些對於多元民主乃是不可或缺的。而與此相反的，則是資本主義與仇視民主的連結，這個連結在德國歷史上甚至具有特別強大的傳統，從古老的保守派、極右派一直到威瑪共和的德國共產黨。

83 《歌德斯堡綱領》，是社民黨於一九五九年在巴德歌德斯堡（Bad Godesberg，現已併入波昂）舉行黨代表大會，所通過的黨綱。這份黨綱的意義在於社民黨首次放棄馬克思主義，確定三大基本意識形態：基督教倫理、人文主義和古典哲學，承認自由競爭是其經濟政策的基本價值之一。自此，社民黨轉向資本主義與市場經濟，爭取中產階級的支持，奠定「反對黨」格局，走向執政之路。

另一方面，資本主義和企業精神常常不是民主最好的代理人。從雇傭勞動和資本之間的不平等關係來看，這種不平等偏向於菁英、排他或獨裁國家政治的秩序模式。只有在聯邦德國，企業主聯盟才明顯地支持議會民主。今天很多視為理所當然的民主之事：一個平等的、不受財產限制的選舉權、罷工權、參與企業內部政策的決定權，以及其他支撐福利國的重要權利等等，都是過去透過激進的運動抗爭得來，不僅僅只是對抗王公貴族，同時也對抗企業主和其利益。此外，資本主義至少也像民主一樣地多變。在一九五〇年左右社會主義市場經濟的思想領袖的設想中，並未預見到國民經濟在全球化之下解體，以及資本主義的「金融化」，也就是資本主義的樞紐從實體經濟轉移到金融經濟，從民主和市場經濟的古典關係中未能事先預防這種轉向。儘管如此，資本主義和民主的緊張關係會不會進一步擴大，就像在一八四〇到一八八〇年間，以及一九二〇年代「曼徹斯特資本主義」（Manchesterkapitalismus）時代所表現出來的緊張樣態，其實還很難斷言。

資本主義不需要民主：從德國、拉丁美洲到亞洲，已經有無數的專制國家與獨裁政權一再證明過這一點。但民主需要資本主義嗎？無論如何，原則上沒有市場經濟秩序，而有穩定的民主國家，至今為止還沒出現過，即使是瑞典或法國那些偏向國家干預與福利國的國家也做不到。所以，只要還沒出現一個全新的自由經濟形式，資本主義就繼續是民主的敵和友。而就新的自由經濟形式而言，分享（Sharing）和共享（Commons）的經濟學，也許可以為我們指出方向。

85 民主要兼容多少社會不平等？

西方民主國家的貧富差距日益加大。從一九八〇年代開始，上下階層的差距就不斷地擴大，儘管還不到卡爾・馬克思所預言的赤貧者愈貧，或中產階級更加沉淪，陷入「流氓無產階級」（Lumpenproletariat）。但中產階級停滯不前，而富者愈富，以比喻而言，就是社會的頂端像天線一樣不停地向上拔高。民主能夠阻止這個趨勢嗎？還是會失去其信賴？

極端的不平等對任何政治制度都是危險的。在古羅馬，必須用「麵包和競技」保住人民的正向情緒。二十世紀的獨裁統治，即使像納粹統治也都特別致力於平等，但只不過是給「人民同志」的一種偽平等政策。在這方面，民主國家之所以能夠忍受更高程度的不平等，正是基於所有被統治者的共識。另一方面，用皮埃爾・羅桑瓦隆（Pierre Rosanvallon, 1948-）[84]的話來說，他們必須達到更高的要求，因為自由與平等就寫在他們的基因密碼裡面（見第三十四問），致力於「平等社會」夢想已經超過兩百年。即使是一個自治的團體，也要對於其成員之間的差別待遇，做出更為明確的合理性解釋。

根據傳統和文化上的自我理解，民主國家也有可能和各種差異程度極大的不平等相安無事。美國的貧富差距比起斯堪地納維亞國家更加嚴峻，但美國的民主卻並沒有更糟，社會經濟的平等在那裡根本不像在歐洲引起那麼多爭議，美國人更在乎的是權利的平等。社會科學家經常使用基尼指數（Gini-Index）來表示分配的不平等，然而基尼指數卻不是政治發展與參與機會的指標。在動態社會中，很多人但不是所有人可以從廣泛的貧困中上升為中產階級，對統計學家來說，這是更不平等的。現在德國東部各邦的分配不平等，比起東德共黨時期更為巨大，但這正是走出獨裁和不自由，以及民主化的結果。如果我們要立下一個物質的標準，那麼就是社會保障最低水準的問題，亦即低階人口的生活水準可能要比一貧如洗與超級富豪之間的差距重要得多。這個標準幾乎沒有其他地方能比西方的社會福利民主國家更高，並且正如過去幾年來不斷上升的趨勢，不能完全由物質層面來解釋。那麼要問的是：即使是

84 皮埃爾・羅桑瓦隆，法國歷史學者，自二〇〇一年起成為法蘭西學院（Collègede France）的近現代史、當代史教授，專研法國政治史、民主史、國家角色，以及當代社會正義問題。

最窮的人，也有公平的機會參與社會嗎？包括工作、教育和休閒？而且能夠肯定自己去關心政治？

不平等和民主的緊張關係中，最大的問題在於，選民的投票率在受過良好教育者與機會豐富者之間並不會下降很多，投票率下降是反映在覺得自己被拋棄且無能為力的中下階層。參與式民主、抗議、公民倡議行動與遊說團體等的新形式，都是受過良好教育中產階級的行動空間。民主如果只有社會三分之二上層的人在積極主動，就會陷入不平衡的危機當中。

除此之外，我們也可以對再分配與對更高收入的富人稅做得更好，如此一來，社會將會更平等——這是一個正當合理的目標，但是社會並不會因此而一定更加民主。

86 是否必須防止遊說？

國會中的議員必須能夠獨立形成自己的意見，不應被利益團體所左右，更不用說因受到壓力而沉默。遊說（Lobbyismus）這個字是由英文的前廳或門廳（foyer）衍生而來的，過去也稱之為更衣大廳（Wandelhalle）。在進入議事廳前，可以搶在投票之前找議員交談，陳述自己對表決事項的看法。從十九世紀晚期開始，就有利益團體特別為了這個目的而組織起來：為了綑綁成員們之間的利益，可能是巴伐利亞的農民或是重工業的企業家，並且在政治決策過程中盡最大可能地發揮作用。在自由民主的古典模式當中，這根本不是什麼見不得人的事，反而恰是其不可或缺的一部分。人的行動並非純然單獨，而是結合了自己的利益，就像其他的工人、手工業者、天主教徒、汽車駕駛、退休人員，甚至是慢性病患者。我們不用親自寫信給議員，而是透過團體進駐專業人士，也就是說客派駐在政府特區。理想情況下，應該所有的利益都有代表，而每個人甚至可以有好幾重代表，例如一個信仰天主教、已經退休的汽車駕駛。

但是，現實不會總是這麼和諧。德國利益團體的力量，早在德皇帝國時期或威瑪共和時期，就已經很讓人憂慮。農民團體和一些工業團體都對政治有很大的影響力。這類團體和政治緊密的連結，稱之為社團主義（Korporatismus）。聯邦共和國初期還延續著這種模式。政治學家提歐多・艾緒堡（Theodor Eschenburg, 1904-1999）早在一九五五年就警告過一種「團抱統治」（Herrschaft der Verbände）。當這些團體和說客的力量集中代表企業利益的時候，尤其成為大問題。所以我們常常如此地認識遊說：代表製藥、軍火和農業產業，試圖影響行政和立法，追求的是少數人的利潤，而非爭取多數人的利益或是共同的福祉。

這也是為什麼在今天，遊說功能在民主制度裡遭受更多批判的原因。很多人根本覺得這些大型團體不再像以前那樣可以代表他們（甚至他們也不再是會員）。公民社會的新利益團體（見第五十三問）雖然也有他們自己的組織，在首都也設有辦公室和「說客」，但他們認為自己是不同的，因為他們並不代表商業利益，或完全不是為了自己的利益，而是為了保護他人（社會弱勢群體或是難民）。但是，很難在「壞」的遊說和「好」的公民利益維護（或倡議）之間做出明確的區分，所以各種利益代表的形式，以及試圖影響政治決策的各種手段，也都屬於民主的明日課題。也因此，監督和透明度變得更為重要，有些組織致力於此，例如二〇〇五年成立的「遊說監督」（Lobby Control）。

87 大眾媒體會傷害民主嗎？

每天讀一份報紙，從獨立的媒體中塑造出自己的政治觀點：這是偉大的民主期望之一，特別是在十九世紀。對於自由派和共和派的人士來說，沒有比要求新聞自由更高的主張。沒有了印刷出來的「大眾媒體」，就很難想像會產生十八世紀晚期和一八四八／四九年間的革命，儘管用後世的標準來說，他們的發行量很小。依據權力分立的三個支柱（見第六問），有人樂於把新聞媒體稱之為「第四權」，作為民主一個額外的支柱：在公民討論公共領域的意義上，不受國會、政府和司法所控制。在德國聯邦共和成立的初期，《明鏡》雜誌（*Spiegel*）的創辦發行人魯道夫・奧格斯坦（Rudolf Augstein, 1923-2002）曾說過，他這本新式調查採訪的新聞雜誌乃是「民主的衝鋒槍」。

自十九世紀晚期起出現了新興的媒體形式，卻被很多人視為一種威脅。報紙不僅資訊豐富、批判性強、帶有政治色彩，而且還能滿足娛樂及感官的需求，讓人逃離麻煩的政治。美國和英國的黃色新聞（Yellow Press）[85]、德國的街報（Boulevardpresse）[86]，把雞毛蒜皮的八卦佚事以市場行銷或是民營電視臺的新聞格式，做成災難和社會新聞，擠壓政治報導。這就是大眾媒體：以去政治化取代啟蒙。但是，八卦娛樂不是合法的嗎？如何在不侵犯新聞自由的情況下進行監督？此外，第二個憂慮就是新聞和大眾媒體在其資本與經營形式上日益集中，這趨勢在過去的百年中也明顯有跡可尋，例子多不勝數，從美國藍道夫・赫斯特（Randolph Hearst）的報業帝國、威瑪共和時期保守反共和的媒體霸權阿弗雷德・胡根貝格（Alfred Hugenberg），一直到谷歌、亞馬遜等數位巨擘。這可能會威脅到民意的多樣性，或是將營業利益置於新聞品質之上，或是做為權力因素直接干預政治。因此，「第四權」的概念也可能意味著一種傲慢，會侵害到民主正規的機構和程序。基民黨（CDU）的從政者弗里德里希・梅爾茲（Friedrich Merz）在幾年前曾經說過，莎賓娜・克里斯汀昂森（Sabine Christiansen,

85 黃色新聞，是新聞報導的一種取向，著重在犯罪、醜聞、流言、災難和性的煽情報導，但黃色新聞不等同於色情報導。

86 德國的街報通常以市井趣聞、流言為重心，很少報導嚴肅事務，發行量極大。稱為街報的原因在於，這種報紙只有在街頭才買得到，很少有固定訂戶。

1957-）[87]的談話性節目，在德國議會期間對政治議程的影響力，比聯邦眾議院更大。但也就是從那時候開始，談話性節目的形式就開始走下坡，國會則證明自己更經得起時間的考驗。

網際網路亦從根本上改變了大眾媒體和民主的關係。二十世紀的主要媒體，除了報紙之外，廣播和隨後的電視，都以放送方和接收方的模式運作。媒體使用者只能被動地接收從放送中心傳到他家客廳的內容。像納粹等的獨裁統治就利用了這一點，以「人民收音機」（Volksempfänger）[88]來宣傳政權的政策和意識形態。Web 2.0和社交軟體瓦解了集體「大眾」媒體的傳統架構，讓個人化和參與有了新的契機。但平面媒體日益受到排擠，也可能持續侵害對民主的討論。

87 莎賓娜・克里斯汀昂森，德國電視節目主持人、記者和製片人。從一九九八至二〇〇七年間，她主持德國第一電視臺（ＡＲＤ）週日晚間以她為名的政論節目Sabine Christiansen，一共製作了四四七集，每年製作費高達一千萬歐元，是德國電視上最著名也最具影響力的政論節目。德國總理大選的電視對決，如當年社民黨前總理施洛德和基民黨總理候選人梅克爾的電視辯論是在她這節目中進行。高名聲和高影響力之下，引起德國媒體研究的批評，認為她操縱議題走向和排他性地挑選與談人，缺乏設定議題的透明度，掩蓋新自由主義的立場，並且女性的與談人過於偏低。

88 人民收音機，也稱之為社區接收器，是一種接收中波和長波無線電廣播的收音機，是由納粹帝國宣傳部長約瑟夫・戈培爾委託研發，並在一九三三年希特勒奪權後幾個月之內推出。領袖言論透過廣播強力放送，被認為是納粹宣傳最重要的手段之一。在戰時戈培爾甚至透過一項非正式無線電措施規定，針對接收敵方電臺（主要是ＢＢＣ倫敦的德國節目）者，要求處以死刑。

88 民主「只是一場秀」，都在演戲？

這控訴可以表達多種不滿。首先是表達出政治人物和一般市民的距離太過遙遠的感受，覺得政治和現實脫節。正因為都是在演戲，所以只能無奈地旁觀：看他們要雜耍、粉飾、偽裝。這通常還會結合對大眾媒體的批判，認為媒體只會扭曲事實，指鹿為馬。除了製造假象的批評之外，還伴隨另外兩項指控，分別來自民主理論的不同方向：認為政治，特別是民主政治是依理性標準和良好論據來衡量才是正確的人，會把外在的這種展演當成是偏離正軌；而將政治視為衝突，定義為利益之戰的人，則會把政治舞臺上的遊戲當成是掩飾，或有意識的誤導，是為了轉移對權力關係的注意力。

此外，德國人經歷了希特勒那套精心安排極具戲劇性的政治騙術之後，對那種宏偉姿態的大動作及其對公眾的暗示效應抱持著懷疑的態度。然而較新的政治研究顯示，我們不僅應該嚴肅地看待政治的戲劇因素，還應該更民主的給予它正面的評價。舞臺，精心安排的場景，能夠更清楚地呈現問題和衝突，能夠拉近人民與政治領導階層之間的距離；它強調「在場」魅力，也就是政治交涉談判的公開性。政治做為一場戲，對民主體制甚至比對其他形式的政權更為重要。在這場戲中，取決於個人的親臨現場，取決於親眼目睹、親耳聆聽那個體驗的當下。議會就是最優秀的民主舞臺，即使大家抱怨缺乏優秀的「演員」，亦即出色的演講者。

無論如何，並不是只有獨裁統治的歷史，才充滿了那種發揮巨大影響、銘刻入記憶的戲劇性時刻，這種時刻有助於形成民主的認同。一九四九年九月二十一日，康拉德・艾德諾踩上只為戰勝列強準備的地毯[89]；一九七〇年十二月七日，威利・布蘭特在華沙的抗暴紀念碑前下跪；一九八四年九月二十二日，赫爾穆特・科爾（Helmut Kohl）和法蘭索瓦・密特朗[90]在凡爾登（Verdun）握手和解：這是聯邦德國歷史中三個戲劇性的時刻，對每一個時刻中的計算、感染力和場景安排，都有相當多的爭議，但這並不是「造假」，也無損於它們振奮人心的效果。

並不是只有執政的政治人物才會演戲。戲劇性在民主新形式中扮演了核心的角色，特別是在公民社會的抗議活動中。一九六三年八月二十八日，馬丁・路德・金恩動員了幾十萬人向華盛頓前進，他的演講「我有一個夢想」（I have a dream）帶動了群眾情緒。或是規模比較小一點的：示威者在阻擋性的靜坐抗議中將自己拴在鐵軌上，這動作遠遠不在於只是阻止運輸而已，而是要留下抗議的象徵性景象，同時也計算到了在一旁採訪的大眾媒體。俄羅斯的搖滾樂團「暴動小貓」（Pussy Riot）、一群女性主義的婦女，同時也是主張人權和民主的演員。這些在在都表示，並非一切都是戲，沒有了這類舞臺，民主將難以想像。

89 一九四九年九月十五日德國聯邦議院以極小差距選出康拉德・艾德諾為二戰後德意志聯邦共和國第一任總理，九月二十日他發表第一份政府文告組成內閣，結束聯軍占領，恢復自治。

90 凡爾登是第一次世界大戰德法兩軍死傷最慘烈的戰場之一。西德總理科爾和法國總統密特朗一九八四年的這場會面，為日後的統一奠下基礎。

89 婦女保障名額是否不民主？

在政黨領導階層、不分區選舉名單、企業的董事會或教授職位，都維持一定比例的女性，最好是百分之五十。對此，二十幾年前開始變成熱烈討論的議題，而且不只在德國。綠黨是從新婦女運動中崛起，從一九八〇年左右的創黨時期，就實踐了這個性別平等原則。社民黨在一九八八年為黨職人員和候選人設了一個百分之四十的女性保障名額，基民黨在一九九六年則設了一個比較低的「法定名額」（Quorum），也就是三分之一。最近辯論的方向已經從政治轉向企業，特別是有鑑於德國企業董事會的作風一向頑固陽剛。

現代保障名額政策，是一九六〇年代從美國開始。最初與婦女或是政治上的代表制並沒有太大關係，而是跟民權運動後續發展有關，特別是關乎於美國非洲裔少數族群，及其就業、受高等教育的公平機會。關於「平權運動」（affirmative action），也就是積極支持和推動少數族裔接受高等教育，經常引起激烈的爭議。長期以來，這也成為全球性的議題。在歐洲之外，族裔、民族，或是宗教上少數群體所享有的平等機會，有時也和婦女平權一樣重要。但不可否認，這會和民主或是自由的其他基本原則形成緊張關係。在政黨內部規定婦女保障名額不成問題，但若要改基本法，規定聯邦眾議院裡面要保留一半的席次給女性議員，幾乎是不可能的事。但是，至少議場大廳裡面總有些進步：從一九四九到一九八三年，聯邦眾議院的女性議員比例占不到百分之十；一九九八年已經越過了百分之三十大關，自此之後，女性議員的比例成長趨緩（二〇一四年：百分之三十六．五）。

保障名額並不是萬能的，它可能會撞及憲法和民主文化的底線，也可能和其他重要的法律原則衝突，但最後它表現出現代民主協調機制的轉變：讓政治參與的平等與「無障礙」變得無比重要，尤其在性別平等上。我們當然可以使用保障名額這些措施，或許直到它變得多此一舉為止，當然這也是民主合法的手段之一。

90 民粹主義有什麼不好？

「一個幽靈，民粹主義的幽靈，在歐洲四處遊蕩」，原句是卡爾．馬克思和弗里德里希．恩格斯《共產主義宣言》（Das Kommunistische Manifest）開宗明義的第一句。因為太有名了，至今仍然常被拿出來修改。民粹運動和政黨在西歐特別流行，但在後共產主義的東歐也很受歡迎，尤其是在選舉投票的時候。民粹運動的焦點是政客——通常是男的，很少會有像法國的瑪琳．勒龐（Marine Le Pen, 1968-）[91]那樣的女性。這樣的政客通常會散播一種訊息，說他是對抗現存體制的希望燈塔。有些時候是既有的政黨被他們的黨魁以民粹的方式轉變，就像奧地利的約爾格．海德爾（Jörg Haider, 1950-2008）之於奧地利自由黨（Freiheitliche Partei Österreichs, FPÖ）；或是無中生有突然冒出來的新興政黨，它不像傳統政黨體系擁有嚴密的基層組織和人際圈，例如義大利的西爾維奧．貝魯斯柯尼（Silvio Berlusconi, 1936-）和他發起的運動「前進！義大利」（Forza Italia）。還有荷蘭的皮姆．佛杜恩（Pim Fortuyn, 1948-2002）、基爾特．維爾德（Geert Wilders, 1963-）與波蘭的卡欽斯基（Jarosław & Lech Kaczyński, 1948）孿生兄弟。在德國，民粹主義者還沒有什麼成果，二〇一三年在國會選舉大有斬獲的「德國另類選擇」黨（Alternative für Deutschland, AfD）能否扭轉乾坤，目前還不清楚[92]。

這會危及民主嗎？畢竟民粹主義也可轉譯成「人民的運動」。它往往源自於對既有政黨政策或是首都政治積弊的不滿，基層人民不再認同。因此，這類運動在改革或振興民主政治中，可以擔任起一個重要的糾正功能。在美國，十九世紀末興起第一個民粹運動和政黨，是出自普通人的抗議行動——特別是美國南部與西部的農民——

91 瑪琳．勒龐，是法國極右派政黨「民族陣線」（Front national）創始人尚－馬里．勒龐最小的女兒，二〇一一年起成為民族陣線黨魁，以反歐盟、反全球化、保障法國農漁業為其政黨政策。她參與二〇一二與二〇一七年的法國總統選舉，皆敗選。二〇一八年民族陣線改名為「國民陣線」（Rassemblement national）。

92 二〇一七年德國國會選舉，「德國另類選擇」獲得百分之十二．六的選票，成為德國第三大黨與國會最大反對黨，二〇一九年的歐洲選舉，獲得全國百分之十一，已具有實質政策影響力。

起身反對透過資本主義市場而來的外部干預，以及在政治社會中那些複雜的組織。時至今日，這恰恰正是主要的危險之一：民粹主義分子為捍衛自己而反對的，正是那些通常被複雜化的、且彼此矛盾的現代關係。他們渴望簡單明確的互動方式，迅速地為他們不爽的東西找到歸責方式。敵人可能是某種巨大又匿名的存在：資本主義、歐盟，或甚至只是一個寬容的社會秩序；或是把某個社會團體當成代罪羔羊，視為所謂的萬惡之源，過去經常是猶太人，今天則大部分是不同文化、宗教或膚色的移民。這也是為什麼民粹主義分子大部分都是「右派」的原因，而且就像法國的「國民陣線」一樣，往往和極右派分子甚至和新法西斯政黨難以區分。透過仇外心理和民族主義，他們希望重返一個更美好的世界。但左派也有左派的混合形式和民粹主義，較早的美國民粹主義是中間偏左（特別是美國社會主義者在很大程度上仍屬徒勞無功）。而在委內瑞拉，烏戈·查維茲（Hugo Chavez, 1954-2013），則成功地引領了一場左派、後社會主義的民粹運動。民粹主義政黨的選民常常是結構鬆散的，他們是「賭爛選民」，為抗議而抗議，和任何政黨或政見都不會有長期的羈絆，而這正是從一九九〇年代以來民粹政黨在歐洲風行起來的實際原因之一：戰後幾十年年間建立起來的政黨體制正在解體，有時會像義大利或荷蘭一樣幾乎全面崩潰；社會的認同也跟著消失，選民不再是共產黨員或天主教徒，不再因此自動地且終身地成為其所屬政黨的鐵票部隊。在這個意義上，民粹主義有其多面性，它顯示了民主的轉變，對於「既有」的政治構成挑戰，但是同時就其極端、民族主義、仇外的面向而言，也是一種危險。

91 民主社會有可能是非暴力的嗎？

示威者和警察在街頭混戰、追打外國人、恐怖攻擊、處以死刑、暴力犯罪，不管怎麼說，民主社會並不是太平天堂。與此同時民主社會很自信地宣稱，願意以其他形式來規範衝突，並以此和專斷與暴力的政權劃清界線。直到二十世紀的最後三分之一，「非暴力」（die Gewaltfreiheit）才成為自由社會的文化與文明規範。禁止使用暴力行為，這個規範貫徹至家庭關係、配偶之間與親子之間。綠黨在一九八〇年左右主張「生態、福利、基層民主與非暴力」，將非暴力變成政治上的關鍵字。從語言上來講，非暴力和民主的親近性令人驚訝，但非暴力並不是指向那種專制政權以鎮壓手段所達成的「墓園般的和諧」。換個說法，民主社會也有可能比非民主社會更加暴力。在美國，源自憲法和個人自由的槍械使用，就是一個備受爭議的例子。

但是，民主國家特別注重免於內部暴力的自由，而且努力以各種方式來達成這個目標。最初是列在基本法的規範：人身保護（Habeas Corpus）的觀念，人性尊嚴的概念、人身完整性和不可侵犯性（廣義而言，還包含靈魂）等理念。少數應當受到保護、法治國的規範應該不受專斷和暴力的侵害、對於衝突的處理應該要有特殊的程序，特別是獨立的司法。這一切不僅適用於公民與公民之間的爭端，同時也適用於保護公民免受國家暴力的侵犯。國家侵害人民違反這些原則時有所聞，但總體來說，清晨被捕然後再也沒出現的這種危險，在民主國家明顯地低於獨裁國家。

那麼，公民必須保持和平嗎？現代抗議運動都遵循甘地的先例，特別是從馬丁．路德．金恩而起的美國民權運動，他高舉絕對非暴力的大旗；以及一九八九年響徹萊比錫街頭「無暴力」（Keine Gewalt）的呼籲。就像綠黨在一九八〇年的非暴力黨綱，無暴力這個主張是對國家公權力提出要求，同時也是對自己隊伍的一種提醒，抗議的時候必須保持和平。但暴力從哪裡開始？算計過的非法行為，如靜坐阻擋和破壞地方治安，都屬於民主抗議的必備武器。但是，宣稱「對事物的暴力」和「對人的暴力」是有區別的，前者是被容許的，後者是非法的，即使是出於暫時性的宣傳，這種論述也都不成理由。但民主本身的存在受到威脅挑釁，則基本法（第二十條第四項）自一九六八年起就給出了承諾：「當沒有其他的救濟措施，所有德國人均有權抵抗。」在極端情況下，這承諾包含了使用暴力。但如果抵抗一個獨裁體制，只剩下暴力破壞和刺殺暴君才有效，這在二十世紀初，已經不再只是對民主的現存威脅最可能出現的場景而已。

92 民主國家從不彼此交戰嗎？

民主國家可能有個優點，就是不只是在內部對自己的公民以和平及法治的手段取代鎮壓和暴力，在對外上，和其他國家的關係也傾向於和平。政治學者研究之後發現，民主國家和獨裁專制政權比起來，不僅戰爭欲望低，而且彼此之間根本不會發動戰爭。如果這個論述成立，將是對於「使世界盡可能地民主化」又一個強力而有力的論據。因為，如果世上都是民主國家，就不會再有戰爭。這個願景早在一七九五年，伊曼紐爾．康德（Immanuel Kant）出版的著作《論永久和平》（*Zum ewigen Frieden*）中，就已經開始發展。他提出了一個理由：專制政府傾向於濫用權力，而權力在共和政府中受到法治國原則的制約和控制，且這理由持續討論至今。衝突是依照理性而非任意的獨斷來處理，公民對於自己決定的後果負有責任——誰願意承擔發動戰爭的痛苦？這些爭論在第一次世界大戰背景下的勞工運動中的國際主義裡，也扮演了一個重要的角色。代表這類民主和平的理論不僅僅要面對一些相反例子，也要面對那些從根本上的反對聲浪。或許是這種理論的經驗週期仍然太過短暫，全世界大部分地區，包含歐洲在內，沒有民主化的時間卻又如此漫長。也很有可能，民主國家並不是出於內建和平的傾向才放棄彼此交戰，而是出於它們在二十世紀為了對抗其他的意識形態、文化與國家形式，彼此採取的策略性結盟。說穿了就是，如果西方民主國家自行締結出一個政治經濟帝國，如北大西洋公約組織（NATO）的型態，那麼德國和英國為什麼不再彼此交戰這個問題就顯得多餘了。順帶一句，不是每個獨裁專制國家都傾向於侵略性的軍事行動，納粹德國和中華人民共和國就完全背道而馳。

所以，民主國家彼此不會交戰這個論述，在很大的程度上是正確的，但其重要性卻比不上在二十一世紀初期有關民主與戰爭的其他議題。當本國公民的安全受到威脅時，和平主義與息事寧人的態度是否還具有絕對的優先性？這不僅是美國從二〇〇一和二〇〇三年以來，對阿富汗和伊拉克進行軍事干預時的討論論點，二〇〇二年德國當時的聯邦國防部長彼得・施特魯克（Peter Struck, 1943-2012，社民黨）也宣稱：德國的安全要「禦敵於興都庫什山脈

（Hindukusch）」[93]。而就因為只能透過軍事手段去阻止種族迫害和種族滅絕的暴行，反而造成深層難解的道德困境。一九九九年，在關於科索沃（Kosovo）境內流離失所與種族暴力的辯論中，外交部長約瑟夫．費雪（Joschka Fischer，綠黨）將「奧斯威辛永不再現」這句話添加至「再無戰爭」的呼籲，把這種困境放進德國的歷史脈絡中[94]。而冷戰結束後，在過去的二十五年中，民主國家的軍事活動其實有所增加。

93 興都庫什山脈位於中亞，東西橫貫阿富汗。彼得．施特魯克，二〇〇二至二〇〇五年出任聯邦德國國防部長，任內完成在興都庫什的部署，標誌著德國對阿富汗軍事接觸的開始。「德國的國家安全要禦敵於興都庫什山脈」（Die Sicherheit der Bundesrepublik Deutschland wird auch am Hindukusch verteidigt.）是他的國防名言。

94 費雪這位出身於西德六八學運的反戰分子，綠黨創黨黨員，一九九八至二〇〇五年為聯邦德國外交部長。他在任內批准德國地面部隊參與北約科索沃的戰爭，是二戰後德國第一次對外的軍事行動。一九九九年，費雪在被質疑違反綠黨的反戰原則時，為參戰辯解：「我堅持兩個原則：永遠不要再有戰爭，永遠不要再有奧斯威辛，永遠不要再有種族滅絕，永遠不要再有法西斯，對我來講兩者是一致的。」

XI 民主是否有未來

93 民主國家對於未來的永續規劃是否緩慢且無能？

民主完全是透過有限的時間來證明自己：把統治轉移給選出來的代表，但只限於一定時間內——通常是四年或五年，典型的一任國會或總統任期。但民主的時間性有其缺陷，長久以來一直有人提出批評：當選的政客「眼中只有下次選舉」，這表示他們只做有利於提高支持率或連任的事情，根本不關心長期的目標和總體的利益。這種批評在二十世紀末變得更加迫切，因為人類（至少在我們看來）正面臨新的從未碰過的生存挑戰，絕對有必要採取長期的對抗行動，即使短時間內違反選民的利益。

國家債務快速增加，就是一個民主無能的例子：透過提高社會福利、交通建設、教育、國內外治安和國防等稅收的形式，將國家福利政策的實際成本轉嫁到公民（以及企業）身上。另外顯示民主短視的領域，是在資源、氣候變遷、生態保護等政策上。難道就因民主國家力有未逮，我們就不該徹底地改變，以預防海平面上升以及最後的人類末日嗎？或許可能可以不改變，但我們並不確定。現在就必須做出某些決定的理性警告，是以對真實的信念為前提，相信對什麼是必要的和是對大家最有利的判斷，是出於客觀且正確的認知，即使在過渡期間會激化某些問題，但除了集思廣益和「一步一腳印」地做，並無其他選項。

但是，中華人民共和國不正是專制政權在速度和效率上令人印象深刻的一個例子？根本不需要面對選舉，甚至迴避冗長的公民聽證會。此時此刻，在二十一世紀之交的這幾十年，可能是如此。這些對已建制完成的西方富裕的民主國家而言，並非是重大的挑戰，但對非洲發展中的國家來說，他們眼睛看著北京和上海，就更難相信自由民主的優勢。雖然我們有時候會嫉妒，在中國只花五年就完成了一千公里新的交通基礎建設，反觀我們，十公里就要花三倍的時間。在很大的程度上這並不是政權的問題，而是發展階段和飽和度的問題。然而，改變民主程序的問題的確值得深思，如何讓「人民的聲音」被聽見並且被充分地討論，而又不會無限期地阻礙決策？

最後，民主保留了一個特徵，就是需要花時間。這適用於法治國的司法系統，司法程序往往冗長得令人吃驚，這也是我們設立簡易法庭（Schnellgericht）的原因。相對於那些需要迅速反應能力的，特別是面對瞬息萬變的金融市場，以及針對政治在危機時貫徹行動的最後通牒，民主需要更多的時間。民主的時間問題並不能自行解決，它很遲緩，同時也氣喘吁吁，但和第一印象正好相反，長遠來說沒有其他政體比民主更好。總而言之，它從驛馬車時代到網際網路的革命，都證明了它在不斷變化的溝通方式與時間結構中，擁有驚人的適應能力。

94 民主會變成老人統治嗎？

人口統計上的變遷從根本上改變了歐洲社會。壽命不斷地提高以及出生率的大幅下降，使得未來幾十年人口的平均年齡持續上升。德國在這個趨勢中名列前茅，二次世界大戰結束之後，平均中年（中位數）是三十五歲，今天已經上升到四十五歲；到了二〇三〇年，有一半的人口超過五十歲，這將會有一個占多數的族群是已經退休或面臨退休，他們會以犧牲年輕一代為代價，制定出有利於他們的政策嗎？政客會寧願提高退休年金而不願投資於教育嗎？

使社會和日常生活具有「適齡性」，是屬於政治規劃主要的任務之一。就實際來講：可以投入更多的預算建造無障礙火車站，或是投入社會照護支援老年人。但問題可能在於，如果年老的多數選擇了一個短期的政策，寧願消費而不願投資，而這個政策不僅牴觸年輕人的長期利益，也根本違反未來永續發展的能力；又如果石油在我們生命終結前還夠用，那為什麼要投入預算做能源轉型？第二個疑慮則源自於對年紀文化的刻板印象：年輕人代表動力、批判性，有時叛逆；老人則是知足和保守，那民主為什麼要玩火，成為雙方的箭靶？

到目前為止，如羅曼・赫佐格（Roman Herzog）[95]所憂心的「退休者民主」（Rentnerdemokratie），其中有關人口統計盲區的討論，其實還沒有得到確認。但是人口老化的問題引發了新一輪關於世代關係的辯論，這個辯論很輕易地就和生態永續的問題掛勾，比起過往任何時候更加牽涉社會福利或能源政策的長程遠景，遠超過所預期的老年人壽命。很多老人圖像（Alterbilder）[96]也實際印證了這些刻板印象。年輕人和老年人的週期循環，並不嚴格地與年紀或統計上的平均年齡相關聯，例如在聯邦德國早期，主導者不僅是康拉德・艾德諾，還有一個非常老的世代，因為老生和中生代在「第三帝國」時自甘墮落，而很多年輕人又死於戰爭之中。

現在，老年人在政治上依然非常活躍，不只在政黨當中，在公眾評論與抗議實踐上也是如此。斯特凡・埃塞爾（Stéphane Hessel, 1917-2013）在超過九十高齡時曾寫過一篇文章〈你為什麼不生氣！〉（Empört Euch!）[97]，呼籲全世界年輕人站出來，投身運動，例如占領運動

（Occupy-Bewegung）。

---

95 羅曼·赫佐格，一九九四至一九九九年出任德國總統。他在二〇〇八年四月有關退休金政策辯論中，提出「退休者民主」這個政治術語用來說明，德國人口老化意味著愈來愈多的老年人利用自己的投票權「過度」影響政策，尤其是養老金政策。他的觀點引發極大的反對聲浪，但根據次年二〇〇九年 K. Adenauer 基金會針對德國歐盟大選進行選民的調查發現，有投票資格的選民約有三分之一年齡超過六十歲，而且年長者投票率高。

96 老人圖像在社會科學或老人學（Gerontologie）當中，指關於老人的整體概念或觀點。

97 斯特凡·埃塞爾，出生於柏林的法國外交官、詩人及作家。二次大戰期間曾是法國反抗運動成員，被抓進納粹集中營，逃亡後獲救。他曾參與聯合國《世界人權宣言》的草擬工作，也是戰後最早敢於批判以色列在巴勒斯坦軍事占領和屯墾計畫的政治人。他在二〇一〇年出版的小冊《你為什麼不生氣》中，反對現在世界的政治走向，呼籲青年反抗。這本小冊在法國賣出兩百萬本，譯成四十多種語言，影響及於隨後在西班牙、希臘和法國發生的社會抗議運動。

95 我們已經活在後民主時代了嗎？

沒有其他的概念，能夠成功地聯結當前有關民主危機的討論。西方國家在完全的意義上還是屬於民主國家嗎？或者已經進入了後民主的歷史階段？二〇〇八年，英國政治學者科林．克勞奇（Colin Crouch, 1944-）[98]出版了一本書，德文譯本的書名簡明扼要，就叫《後民主》（*Postdemokratie*），很快地這個具有診斷性的關鍵字，就開始在媒體和輿論界琅琅上口。就如其他政治學者，特別是左派和受馬克思主義啟發的政治學者，科林．克勞奇同樣認為從一九八〇年代開始，民主無論是在理念或是實務上都日益陷入危機當中。隨著新自由主義的轉向，資本主義擺脫了福利國家與國家干預主義的馴化。保守派與市場自由主義的政府如美國的雷根（Ronald Reagan, 1911-2004）與英國的柴契爾夫人（Margaret Thatcher, 1925-2013）為了企業的利益與利潤，站在公民的對立面，在政治上貫徹脫了韁的資本主義。從這個觀點來看，全球化常常以一種策略性安排的「新自由主義計畫」登場，進而損害了民族國家的主權，以及附帶掏空了古典民主的核心。在全球性的權力遊戲中，人民沒有投票權。數位革命也躬逢其時參了一腳，藉著網際網路的跨國公司如谷歌，顛覆了政治的自主權，甚或是配合政府機構一起剝奪公民權。基本權、選舉權和議會並不會被廢除，但它們淪為純粹的門面裝飾——因此，這就是「後民主」。

後民主這個概念結合了國家與全球變遷的眾多脈絡，這些變化脈絡在德國、英國、美國以及巴西都可以發現端倪。每一條脈絡都有其合理性：一九八〇年乃是資本主義和經濟政策的一個歷史轉折點，數位資料的蒐集侵犯到基本權，而各國議會達到其權力的極限，就像在二〇一一年歐洲爆發金融危機時一樣。如果這是誇大了某些趨勢和其對民主的影響，或許就有必要發動批判性的討論。另一方面這個概念具有誤導性，而且其診斷也非常片面。雖然其

98 科林·克勞奇，英國政治學、社會學者，在二〇〇〇年時創造出「後民主」一詞。他指出，一個典型的後民主政治體制雖然具有言論自由、定期舉行選舉等民主制度的運作，但實際上卻因政治的高度競爭性，逐漸形成專家團隊設定且主導公眾辯論的議題，帶領輿論的風向，而真正的政治協商通常是由代表經濟利益的民選政府和所謂的菁英在閉門的情況下進行，經濟利益的力量逐步使得政治空洞化，大多數的公民被迫扮演沉默、被動的角色，民主選舉淪為一種表演形式。二〇〇四年他正式出版《後民主》（*Post-democracy*）專著，二〇〇八年德文譯本出版。

他冠以「後」某某的概念（Post-Begriffe）也很難從字面上理解，但是「後現代」其實是另一種形式的現代，而不是徹底地背離現代。

但就像很多理論家一樣，克勞奇對於那些描繪不同的、多層次圖像的經驗研究幾乎不感興趣；那些相關的經驗研究中，還包含了自一九七〇年代以來民主參與的擴大，但是對於克勞奇來說，民主在那個年代已經達到最高點，並且開始走下坡，進入衰退狀態。當時基層民主甚至才興起，抗議運動幾乎都還未開始，而婦女除了投票之外，幾乎尚未扮演什麼政治角色。不會有人認真地宣稱，聯邦德國在一九七〇年代比二〇一〇年還要民主。對於「後民主」浮濫的論述應該要審慎的對待，對於較早之前攤在陽光下的各種衰變診斷也一樣需要謹慎，那些診斷尚未確認。後民主的論述使得民主危機和危險，在嚴刻的目光下無所遁形，但後民主這個概念本身，並不是政治和社會狀況與發展方向所標舉的綱領。

96 民主在一個沒有國界的世界中如何運作？

國家法學者吉歐．耶林內克（Georg Jellinek, 1851-1911）[99]說過，構成國家要有三要素，也就是國家領土、國家人民和國家權力。弱國或失敗的國家（failing states）缺乏的是第三種要素，也因此氏族、軍閥或恐怖分子會為爭奪統治權而戰。但我們現在對於國家人民的理解已有所變化：比以前更開放，較少透過出身和種族屬性來決定身分位置。至於國家的領土和國界的劃定至今仍然爭論不休，在歐洲甚至還為此大打出手，例如俄羅斯和烏克蘭之間的衝突。另一方面國界正在消弭中，在歐洲申根公約的範圍內遊客幾乎感覺不到國界的存在。這

99 吉歐．耶林內克，奧地利出身的德國國家法學者，屬於奧地利法實證學派，在當時被視為奧地利國家法理論的代表人物。他在一九〇〇年出版的《一般國家理論》（*Allgemeine Staatslehre*）被認為是德國國家理論的里程碑，也是耶林內克最重要的著作。他認為一個國家要滿足三要素才被承認為國際法上的主體，也就是國家領土、國家人民和國家治理權。

對民主產生了影響，因為這種政治秩序特別契合耶林內克長久以來所描述的國家性。

美國歷史學者查爾斯．邁爾（Charles Maier, 1939-）[100]認為，早在一九七〇年代一個領域性的、壁壘分明所構成的「現代」就告終了。民族國家不再是天經地義的政治行動者，很多人根本不再認為自己是一個民族國家的公民，取而代之的是自認為歐洲人或世界主義者，或是柏林人或紐約人，既是英國人同時也是印度人。一旦他們在一個地方有家和有責任的感覺，就在這在或那到處參與公民倡議運動，上街頭抗議。但是他們在哪裡投票？在哪裡有權獲得社會福利？

但我們也不應高估去國界化的趨勢。全球政治仍然繼續由民族國家所主導，在危機時期就特別明顯，因為這些國家的領袖（大部分都具有民主合法性）會在G8或G20高峰會聚會。而且我們也不該把國界移轉到更高層級與消弭國界這兩者互相混淆。現在取代德法邊界的是歐盟或申根公約所控制的邊界。有些狀況是改變了，但另外某些事情卻變得更加複雜，因為舊有的層級，也就是今日的民族國家並沒有消失。民主變成專家所宣稱的「多層級系統」（Mehrebensystem），就如英國目前所經歷的狀況而言，這不僅造成「向上」困難，「向下」導向較小的單位也一樣有困難。

除此之外，還存在著多重挑戰。密赫葉・崔恩（Michael Zürn, 1959-）[101]所說的「超越民族國家的統治」（Regieren jenseits des Nationalstaates），聽起來很美好，但為此清楚地量身打造的各種機構，就像我們從《基本法》所認識到的，至今仍然付諸闕如。不同層級之間並不會井然有序，而是混雜在一起，例如一個民族國家的政府不會直接碰上世界政府，卻會與其他完全不同的行動者、跨國大型企業或非政府組織團體碰撞。最後：民主在哪裡？專家學者經常在一個無邊界、全球化的世界裡提出「正當的統治」（legitimes Regieren）；但是，若不是出自於人民，可以再次被罷免、輪替的政府，單單擁有共識和默許，仍然不是民主國家。

---

100 查爾斯・邁爾，哈佛大學歷史學者，一九九四至二〇〇一年領導該校致力於跨學科研究的歐洲研究中心（Minda de Ginzburg Centre for European Studies, CES），專業領域是二十世紀歐洲史，特別是德國當代經濟史，以及全球史與領土變遷的研究，也因其對德國史研究的貢獻，而獲得德意志聯邦共和國十字勳章。

101 密赫葉・崔恩，德國柏林自由大學國際關係教授，二〇〇四年起為柏林社會科學研究中心（WZB）「全球管理」部門的主任，研究專長在國際政治理論，代表作品：《全球治理理論——權威、合法性和競爭》（*A Theory of Global Governance. Authority, Legitimacy, and Contestation*, 2018）。

97 民主是一種意識形態嗎？

民主不只是某種特定的政府形式，不只是一門關於統治技術的清晰祕方。它廣泛地匯集了各種錯綜複雜的理念，幾乎沒有一個生活領域不被它觸及到。除此之外，還包含了對未來的期望，以及對歷史發展進程的看法。它點燃了激情，把自己視為道德上的善，比其他政治和生活組織的概念更為優越。社會運動追隨在它的旗幟之後，透過它的理念彼此焊接在一起。

這滿足了我們所謂現代「意識形態」的經典特徵。如果從法國大革命以來的這段時間，特別是二十世紀，經常被稱之為「意識形態的時代」，那麼民主運動和其思想架構正是其中重要的組成部分。

早在十九世紀，民主對於很多觀察家來說就是一個關於意識形態的事情，就像當時那些令人激動地自由與平等的理念。隨著市民階級舊有秩序在第一次世界大戰之後瓦解，意識形態陷入了三極對抗：蘇聯的共產主義、緊接在後形成的法西斯運動和自由主義的民主制。二次世界大戰後的冷戰期，這個衝突縮減為東西方所主導的意識形態之間的兩極之戰。

但在這點上，我們有理由遲疑一下。眾所周知，二十世紀有大型的政治三方之戰，但自由民主能夠與列寧－史達林式的共產主義或德國的納粹主義相提並論嗎？如果我們把意識形態理解為一種運動和一種思想體系，這種思想體系在極端化的同時也將自己封閉起來，以對外界所有可能的反對免疫；這一個體系，以偽科學的方式宣稱真理和絕對性的主張，因此也不食人間煙火，直到自己撞牆失敗。因此，意識形態這個概念不再輕易地適用於民主的理念和運動。民主 Demokratie，這個字沒有出現「-ismus」形成某某主義，並不是巧合：共產主義（Kommunismus）、自由主義（Liberalismus）、法西斯主義（Faschismus），但並沒有民主主義（Demokratismus），雖然偶而會有人用這個字，但從來不是習慣用法，甚至在其他語言中也是如此。更重要的是，其他主義以其支持者的自我標榜而自豪時，民主主義卻是帶有貶義、一個鄙視人民統治的概念。

事實上，民主反而是被它的對手，也就是從反民主的觀點來看，才被打上「純粹」意識形態的烙印。這又可以分為右派和左派兩種看法，第一種是保守派的觀點，他們在民主的意識形態中，看到了許多太誇張、且在極端情況下會轉變成專制的主張，以恣意的自由和激進的平等的名義讓所有的傳統和機制消解。另一個是左派觀點，從馬克思本人到列寧一脈相承，塑造了一個馬克思運動的主軸：民主充其量只是用來掩蓋布爾喬亞階級利益的簡陋架構。民主是一種意識形態嗎？隱藏在這個陳述的後面，經常是危險的政治目標。

儘管如此，在冷靜的觀察之下，民主其實（也）還是一種意識形態，一個複雜、承載著期望的思想建構，這個思想結構虛構了其組成部分的和諧，這和諧在矛盾的現實前面一次又一次的失敗。站在「後意識形態的時代」，也就是從二十世紀晚期以來，我們更容易承認這種不完美。而民主也已「降溫」了，比較沒有以前那樣自信，卻更加開放，也更具實驗精神。

98 為什麼人人都在談論民主？

在歷史上很少有像在今天、像在二十世紀末和二十一世紀初這樣談論民主，談得這麼多。過去可能根本不存在這樣的討論，如果再加上我們考慮全球範圍的民主辯論，甚至在此之前的辯論還僅限於歐洲與北美部分地區。這代表了什麼意思？不管你在世界各地的城市廣場上，是否看到抗議的布條或呼籲的海報，不管你是否分析政治家的演講或報紙的專欄，不管你是否研讀科學研究報告：民主這個關鍵字無處不在。對於樂觀的人來說，這代表了民主的崛起及其全球意義。即使在很多地方過渡到民主的政府形式時，飽受困難和挫折，但是對於民主目標的共識，以及公眾參與的熱情卻一直在增加。不要擔心，民主不會被遺忘！對悲觀的人來說，當前這個概念的百花齊放，正好相反地象徵了民主有史以來最嚴重的一次危機：我們之所以談論這麼多民主，正是因為它的狀況很糟，因為它受到威脅，面臨崩壞，這可能是因為全球化資本主義的超級勢力，或者純粹是因為被消費綁架了的公民，或是出於其他的原因。

就彼此分歧甚遠的診斷而言，百花齊放式的討論民主，其實傳遞了同樣的意思：民主從未像現在這樣，成為所有期待、希望和恐懼的投影幕。這意味著：當我們遇到完全不同的政治或社會問題時，無論是基於要求或憂慮，我們都會訴諸於「民主」。遏制資本主義？婦女平權、全球人權和教育機會均等？以民主之名！富者愈富，西非和近東的人民正在遭受苦難？谷歌蒐集太多這類資料。要求民主！呼籲民主、憂心民主，已經成為全球期許一個更美好未來的概念性公約數。民主早就已經不只是選舉權、權力分立或總統制、內閣制的區別而已。

民主做為一個投影幕，可能會有超載的危險。監事會的婦女保障名額是不是一個民主存在已久的問題？是否每個經濟危機，或是數位化挑戰，總是等於，或首先就是民主的危機？當問題實際上是出於其他因素，則這樣的民主危機是在於日常的瑣碎化或是對民主感到失望。但最重要的是，這一切也顯示了民主理念的力量和吸引力。或許我們談民主談得太多，但總比談太少來得好。

99 民主究竟是強勢還是弱勢政府？

「一個民主國家一定要能夠硬起來」，每當牽涉到禁止激進組織，或是牽涉到自由與平等、公益和私利之間的內在緊張關係，以及價值衝突時，就會常常聽到這句話。一定要把民主想像成是一個自願無限受苦的人？就如耶穌在「登山寶訓」所昭示的，不能自我防衛，還要把另一邊臉頰伸給敵人？這個問題不僅在實際政治上很重要，例如在處理極右派的德國國家民主黨（Nationaldemokratische Partei Deutschlands, NPD），而且在民主的政治理論與政治哲學也一直是熱門議題。美國哲學家理察．羅蒂（Richard Rorty, 1931-2007）[102]建議民主應該要輕鬆上路，也就是說，不管在理論還是實際的國家事務上，民主都不應殺氣騰騰，對付敵人或批判的懷疑者不要下重手，不要背負著太多、太重的意識形態。最好它能務實，帶著謙

102 理察．羅蒂，美國哲學家，新實用主義代表性人物，也以左翼政治立場聞名。

卑、自我反省和開放的側翼，那就更棒。

有關民主是弱勢還是強勢的體制，這個問題的答案也已經改變了。在威瑪共和時期，懷抱熱情的民主支持者，也傾向於軟弱和無條件的容忍立場。漢斯・凱爾生（Hans Kelsen, 1881-1973）[103]認為這是民主「悲劇性的宿命」，「民主必須用她自己的乳房來哺育她最惡毒的敵人」。因此，在納粹獨裁統治之後，聯邦德國將自己定位為「防禦性」（wehrhaft）的民主國家。與蘇聯共產主義相反，以美國為首的西方民主國家帶著沉重的負擔前進，因此在捍衛自由時也採取激進和非自由的手段，例如麥卡錫（McCarthy）時代對共產黨人的獵巫，或西德一九七二年的激進法令（Radikalenerlass）[104]。最近對溫和作法的偏好又開始回升，但這種溫和作法受到極右派或伊斯蘭基本教義派不斷的考驗。

一個謙卑和懂得自我反省的民主國家當然是值得讚許的，但不能因此被民主的敵人拿來利用。顯然地，溫和弱勢就長期來說應該要成長為強勢與信服力。「韌性」（Resilienz）是社會辯論中的新關鍵字。面對氣候變遷到社會制度永續經營的種種挑戰，這種圓滑和韌性的抵抗能力，將是二十一世紀民主國家務實本質的強項。如果民主政府的統治形式融進生活樣態、文化心態，以及日常行為的互動中，那麼民主將在柔弱中見剛強——這是當初凱爾生所沒有想到的。

103 漢斯．凱爾生，二十世紀重量級的純粹法理論、憲法、國際法專家，為法實證主義代表人物。他擘劃一九二〇年奧地利聯邦憲法，當時就已主張「尊重少數是代議民主最高價值」。和他的一生論敵，納粹思想領袖卡爾．施密特不同，凱爾生關切的核心問題是捍衛自由，特別是思想自由以抵抗一切形式的壓迫。他在法哲學上對民主理念的思考、對意識形態的批判，反映在他有關國家形式以及民主防衛（Verteidigung der Demokratie）的經典論述中。一九三三年希特勒掌權，依納粹《專業公務員恢復法》的規定，凱爾生因捍衛民主的立場以及猶太血統的背景，被科隆大學法學院解除職務，一九四〇年移居美國，一九四二年成為加州柏克萊大學教授，影響二戰後美國法學界至深且鉅。

104 西德一九七二年的激進法令，禁止具有左派或右派激進背景的人士出任公務員。

100 民主社會會面臨停滯和麻木的威脅嗎？

民主國家可以自我擴展又充滿活力，不斷進步的政治發展和技術與經濟的創造力是一體的兩面。在戰後繁榮時期，也就是一九七五年以前的「黃金十年」，一個從十八世紀開始就已確認的模式終於得到證實：在英國和尼德蘭之間興起的資本主義、工業革命和民主革命，同樣在北美洲東岸和法國北部深根茁壯，並且不停地彼此交互推進。自一九四九年開始這三者交互推進的模式同樣也適用於聯邦德國，從聯邦基本法和經濟奇蹟之間的關聯可以得到印證。這種西方歷史上的標準敘述幾十年前開始出現斷裂，儘管這類成功的故事還在晚近出現兩個案例：自一九八九年以來的波蘭；或是佛朗哥（Franco）獨裁統治之後快速發展的西班牙，即便最近出現了一些危機。但是，現在世界經濟最具活力的地區在西方國家之外——也在民主國家之外，例如在中國。西方經濟體不得不適應低增長率和停滯的狀態。

一方面，這是一個歷史的轉捩點，結果仍然未定；另一方面，如果考慮到創新和進步的標準已經改變了，那麼民主國家並沒有那麼糟糕。崇拜重大建設和GDP成長的階段已經結束了——即使是快速追上的國家，如中國或土耳其也改變不了這一點，他們的衝勁和動能也將在一、二十年之內趨於平緩。民主社會本身對於創造美好生活，和推動社會創新的標準責無旁貸。我們可以舉出很多例子：生態學、對於經濟永續發展的新認識、「能源轉型」等等。開放和包容社會的新理念，例如同性戀生活方式的平權，或者是盡可能廣泛納入殘障人士的生活規劃。生活方式和文化實驗，充其量一開始會被嘲笑，但隨後會成為主流。

無論從哪個角度看，在二十一世紀依然是由民主國家孕育出新的觀念、對這些觀念交互辯論，並且在政治上嘗試實現這些觀念。雖然和過去比起來，這些創新的動力比較少出自政治體制和民主的政府機構，如二十世紀常舉出來的例子，一九三〇年代美國的「新政」或聯邦德國在一九七〇年左右的改革。相反地，新的動力來自於一個如卡爾·巴伯（Karl R. Popper, 1902-1994）所說的「開放社會」，而開放社會的前提和結果就是民主的國家秩序，也因此絕對不可能出現停滯或麻木。民主國家對「離經叛道」也提供了開放的空間，這些空間同時也是對於未知和爭議的協商與行動空間，是否能從其中找到更好的解決方案，一切仍未可知。

101 我們如何稱呼未來的民主？

民主既不是恣意的，也不是僵化的，更非一言堂。早期為了辨識民主特定的特徵以及不同的型態，有人以「西方的民主」，或是區分總統制與議會制。這些區分，諸如和諧式或衝突式民主、代議或直接民主，依然不可或缺，但是在學術界以及公眾辯論當中區分的意義正逐漸消蝕。因為很多人都同意：自二十世紀晚期以來，我們正在經歷民主深刻的改變。那些成形於十九世紀、二次世界大戰之後，特別在聯邦德國成為規範性樣態的古典概念，不再具有經典的地位，民主已不僅僅只是在憲法、政黨、議會這鐵三角之間的運作而已。

但是，要往哪裡發展？最顯著的趨勢是什麼？要用什麼關鍵字來概括這種趨勢呢？如果有些東西即將結束，而新的依然混沌不明，人民喜歡冠以「後」（Post）這個概念來協助說明，那麼現在是「後民主」了嗎？很顯然地，民主絕不可能面對它的結束。在民主「經典」

的形式上，特別是當代議民主制已經過了它的高峰期，或許我們現在可以好好談論後經典或者說後代議民主制的時刻。政治學者克勞斯・馮・貝姆（Klaus von Beyme, 1934-）曾經說過，不是後民主，而是「新民主」（Neodemokratie）。但什麼是新的？是公民直接的參與，也就是「參與式民主」。這是受數位化，以及社交媒體的影響——也就是「民主2.0」。它是全新的，但最重要的是，民主的機制和行動領域都變得更多樣化，也更加撲朔迷離。「多層次民主」（Mehrebenendemokratie）不僅適用在垂直面向，同時也適用於水平面向；就垂直來說，是從地方層級，經由國家，再達到歐盟等，而橫向則表現在熙熙攘攘的參與，議會與抗爭者、公民投票與法院判決、政黨和非政府組織之間的決策。一個多層次、多樣性與多元的民主格局正在成形，而且正因為不再明確而清晰，會因此形成一種分散、模糊的民主，例如不再只會透過憲法來確定什麼時候由哪個層級主導。

但我們也可以把這一切都當成文字遊戲放到一邊，然後說：我們繼續稱其為民主，但顯然地，在今天稱之為民主的，和古代、一八七〇年，甚至一九七〇年所稱之為民主的，必然有所不同。

參考文獻

了解更多、進一步思考、深入研究

了解更多：

Bleicken, Jochen, *Die athenische Demokratie*, Paderborn 1995

Dunn, John, *Democracy: A History*, New York 2006

Nolte,Paul, *Was ist Demokratie? Geschichte und Gegenwart*, München 2012

Salzborn, Samuel, *Demokratie: Theorien, Formen, Entwicklungen*, Baden-Baden 2012

Schmidt, Manfred G., *Das politische System Deutschlands*, München 2011

Schmidt, Manfred G., *Demokratietheorien: Eine Einführung*, Wiesbaden 2006

Stüwe, Klaus u. Gregor Weber (Hg.), *Antike und moderne Demokratie. Ausgewählte Texte*, Stuttgart 2004

Vorländer, Hans, *Demokratie: Geschichte, Formen, Theorien*, München 2003

Winkler, Heinrich August, *Der lange Weg nach Westen.* Deutsche Geschichte vom Ende des Alten Reiches bis zur Wiedervereinigung, 2 Bde., München 2000

進一步思考：

Agamben, Giorgio u. a., *Demokratie? Eine Debatte*, Berlin 2012

Benhabib, Seyla u. a., *Kosmopolitismus und Demokratie. Eine Debatte*, Frankfurt 2008

v. Beyme, Klaus, *Von der Postdemokratie zur Neodemokratie*, Wiesbaden 2013

Crouch, Colin, *Postdemokratie*, Frankfurt 2008

Elter, Andreas, *Bierzelt oder Blog? Politik im digitalen Zeitalter*, Hamburg 2010

Embacher, Serge, *Baustelle Demokratie: Die Bürgergesellschaft revolutioniert unser Land*, Hamburg 2012

Ginsborg, Paul, *Wie Demokratie leben*, Berlin 2008

Hardt, Michael u. Antonio Negri, *Demokratie! Wofür wir kämpfen*, Frankfurt 2013

Höffe, Otfried, *Ist die Demokratie zukunftsfähig?*, München 2009

Mouffe, Chantal, *Das demokratische Paradox*, Wien 2008

Möllers, Christoph, *Demokratie – Zumutungen und Versprechen*, Berlin 2008

Müller, Tim B., *Nach dem Ersten Weltkrieg: Lebensversuche moderner Demokratien*, Hamburg 2014

Zeh, Juli, *Die Diktatur der Demokraten: Warum ohne Staat kein Recht zu machen ist*, Hamburg 2012

深入研究：

Diamond, Larry u. Marc F. Plattner (Hg.), *Democracy: A Reader*, Baltimore 2009

Dunn, John (Hg.), *Democracy: The Unfinished Journey, 500 BC to AD 1993*, New York 1994

Fraser, Nancy, *Widerspenstige Praktiken: Macht, Diskurs, Geschlecht*, Frankfurt 1994

Gerhardt, Volker, *Partizipation: Das Prinzip der Politik*, München 2007

Habermas, Jürgen, *Die Einbeziehung des Anderen: Studien zur politischen Theorie*, Frankfurt 1996

Hamilton, Alexander u. a., *Die Federalist Papers*, hg. v. Barbara Zehnpfennig, München 2007

Jörke, Dirk, *Kritik demokratischer Praxis: Eine ideengeschichtliche Studie*, Baden- Baden 2011

Keane, John, *The Life and Death of Democracy*, London 2009

Krämer, Gudrun, *Demokratie im Islam*, München 2011

Lamla, Jörn, *Verbraucherdemokratie: Politische Soziologie der Konsumgesellschaft*, Berlin 2013

Leibfried, Stephan u. Michael Zürn (Hg.), *Transformationen des Staates?*, Frankfurt 2006

Merkel, Wolfgang, *Systemtransformation*, Wiesbaden 2010

Mill, John Stuart, *Betrachtungen über die Repräsentativregierung*, Berlin 2013

Müller, Jan-Werner, *Das demokratische Zeitalter: Eine politische Ideengeschichte Europas im 20. Jahrhundert*, Berlin 2013

Nippel, Wilfried, *Antike oder moderne Freiheit? Die Begründung der Demokratie in Athen und in der Neuzeit*, Frankfurt 2008

Offe, Claus (Hg.), *Demokratisierung der Demokratie: Diagnosen und Reform vorschläge*, Frankfurt 2003

Rousseau, Jean-Jacques, *Gesellschaftsvertrag oder Grundsätze des Staatsrechts*, Stuttgart 2003

de Tocqueville, Alexis, *Über die Demokratie in Amerika*, Stuttgart 1986

Westbrook, Robert B., *John Dewey and American Democracy*, Ithaca 1991

Wolfrum, Edgar, *Die geglückte Demokratie: Geschichte der Bundesrepublik Deutschland von ihren Anfängen bis zur Gegenwart*, Stuttgart 2006

民主的思辨：101 個關於民主最重要的事

Die 101 wichtigsten Fragen: Demokratie

作　　者——保羅・諾特（Paul Nolte）
譯　　者——陳中芷
封面設計——萬勝安
責任編輯——劉素芬、張海靜
行銷業務——王綬晨、邱紹溢
行銷企劃——曾志傑
副總編輯——張海靜
總 編 輯——王思迅
榮譽顧問——郭其彬
發 行 人——蘇拾平
出　　版——如果出版
發　　行——大雁出版基地
地　　址——台北市松山區復興北路333號11樓之4
電　　話——（02）2718-2001
傳　　真——（02）2718-1258
讀者傳真服務——（02）2718-1258
讀者服務信箱——E-mail andbooks@andbooks.com.tw
劃撥帳號 19983379
戶　　名——大雁文化事業股份有限公司
出版日期——2021年3月 初版
定　　價——460元
ISBN 978-957-8567-91-7

歡迎光臨大雁出版基地官網
www.andbooks.com.tw
訂閱電子報並填寫回函卡

國家圖書館出版品預行編目 (CIP) 資料

民主的思辨 : 101 個關於民主最重要的事 / 保羅 . 諾特 (Paul Nolte) 著 ; 陳中芷譯 . -- 初版 . -- 臺北市 : 如果出版 : 大雁出版基地發行 , 2021.03
面； 公分
譯自 : Die 101 wichtigsten Fragen : Demokratie

ISBN 978-957-8567-91-7(平裝)

1. 民主政治 2. 政治思想

571.6　　110003075